Carlheinz Gräter

Hohenloher Miniaturen

S. KILIAN

Carlheinz Gräter

Hohenloher Miniaturen

**Geschichte
und Geschichten**

Dr. Carlheinz Gräter, geboren 1937 in Bad Mergentheim, studierte Geschichte und Literatur, arbeitete anschließend als Zeitungsredakteur und ist seit 1972 freier Schriftsteller. Gräter kann auf mehr als achtzig Buchveröffentlichungen zurückblicken. Für sein Gesamtwerk wurde er mit dem Kulturpreis des Frankenbundes ausgezeichnet.

Bildnachweis:

Archiv Carlheinz Gräter: Seite 24, 25, 26, 29, 30, 31, 39, 46, 47, 52, 72, 74, 81, 83, 87, 88, 91, 99, 102, 103, 106, 110, 111, 116, 121, 128, 131, 138, 153, 158.

Archiv Silberburg-Verlag:
Seite 12, 16, 69, 136.

Archiv Walter Stäbler: Seite 150.

Freunde Tauberfränkischer Volkskultur Weikersheim: Seite 119.

Gemeinde Mainhardt: Seite 42.

Siegfried Geyer: Seite: Seite 142.

Manfred Schuler: Seite 109.

Alle anderen Fotografien: Irmgard Rohloff.

1. Auflage 2012

© 2012 by Silberburg-Verlag GmbH,
Schönbuchstraße 48, D-72074 Tübingen.
Alle Rechte vorbehalten.
Umschlaggestaltung:
Christoph Wöhler, Tübingen,
unter Verwendung von Fotografien
von Peter Sandbiller (Weikersheim)
und Irmgard Rohloff.
Lektorat: Gertrud Menczel, Böblingen.
Druck: Gulde-Druck, Tübingen.
Printed in Germany.

ISBN 978-3-8425-1173-6

Besuchen Sie uns im Internet
und entdecken Sie die Vielfalt
unseres Verlagsprogramms:
www.silberburg.de

Inhalt

Hohenloher Toleranz und Osterstreit

icht nur Schlitzöhrigkeit, auch Toleranz beansprucht der Hohenloher als eine der Konstanten seiner Wesensart. Umso verwunderlicher erscheint da der sogenannte Osterstreit, der um die Mitte des 18. Jahrhunderts zeitweise das ganze Reich erregt hat. Genau besehen war es freilich gar kein Streit unter den Bürgern und Bauern Hohenlohes, sondern ein erbitterter Konflikt zwischen den beiden Hauptlinien der Kleindynastie, der katholischen Linie Waldenburg und der evangelischen Linie Neuenstein.

Zögerlich, aber einmütig hatte sich die Grafschaft, teilweise gedrängt von den eigenen Untertanen, der Reformation Luthers zugewandt. 1667 waren die Grafen in Schillingsfürst und Bartenstein, beide mit katholischen Frauen aus dem Hause Hatzfeldt verheiratet, zur alten Kirche konvertiert. 1728 erbten sie auch noch die Grafschaft Pfedelbach. Unberührt von diesem Konfessionswechsel blieb zunächst das Kirchenwesen ihrer durchweg protestantischen Untertanen. Reichsrechtlich stand den Herrschaften nur der katholische Privatgottesdienst für sich und ihre Domestiken zu. Von Anfang an versuchten sie jedoch, durch Anwerben von Neubürgern auch altgläubige Kirchengemeinden zu bilden. Schlechterletzt wurde statt einer einkömmlichen Profession eigentlich nur noch die katholische Konfession verlangt.

Adolf Fischer, Stadtpfarrer in Öhringen und Historiograph des Hauses Hohenlohe im 19. Jahrhundert, hat das bissig kommentiert: »So bildeten sich in dem sonst durch seinen Wohlstand ausgezeichneten Lande beträchtliche Bevölkerungsteile, die durch Armut, Nahrungslosigkeit, auch wohl durch die damit zusammenhängende sittliche Verwahrlosung zur schweren Last für Gemeinden und Staat wurden.« In seiner knappen Darstellung des Osterstreits schob Fischer übrigens die Hauptschuld den von auswärts geholten eifernden Beamten und Ordensleuten in Schillingsfürst und Bartenstein zu.

Franziskaner und Kapuziner, später auch Jesuiten, wurden in die Residenzen geholt und die Rechte des alten geistlichen Konsistoriums zugunsten herrschaftlicher Gerichtsbarkeit beschnitten. Früh schon wurde gefordert, auch die evangelischen Untertanen sollten an Prozessionen und Messfeiern teilnehmen sowie katholische Feiertage einhalten. Und Anfang des Jahres 1744 brach dieser Zwist offen aus. Wie die andern altgläubigen Reichsstände hatten Bartenstein und Schillingsfürst den exakten gregorianischen Kalender eingeführt, während die Protestanten noch am verbesserten julianischen festhielten. Dies ergab nun eine Differenz des Ostertermins um eine Woche.

Schlägereien mit dem Militär

Als Ende März die evangelische Karwoche fällig war, blieben an Gründonnerstag und Karfreitag die Kirchen geschlossen; für Ostersonntag war nur normaler Gottesdienst erlaubt. Die Gemeinden versammelten sich daraufhin unter freiem Himmel, wie etwa in Waldenburg unter der großen Linde vor dem Stadttor, oder wichen auf benachbarte Gemeinden der Linie Neuenstein aus. In Eschental und Mainhardt kam es zu Schlägereien mit den Soldaten, die mit aufgepflanztem Bajonett vorm Kirchenportal postiert waren.

Besonders heftig entbrannte der Osterstreit in Sindringen am Kocher, das zur ehemaligen Grafschaft Pfedelbach gehört hatte. Hier hinderte bartensteinsches Militär den eh schon abgesetzten Stadtpfarrer Yelin am Betreten der Kirche, dann wurde er des Landes verwiesen. Widerspenstige Bürger erhielten Einquartierung, wurden arretiert, einer von ihnen mit 50 Stockschlägen traktiert. Andere hatten binnen 24 Stunden 20 Reichstaler zu zahlen, wer das nicht konnte, dem wurden Hausrat, Betten und Kleider genommen.

Die Linie Neuenstein protestierte gegen diesen Rechtsbruch. Als dann im gleichen Jahr auch noch die überraschende Erhebung der katholischen Grafen in den Reichsfürstenstand folgte, gewann der Konflikt an Schärfe. Zwar hatte der Reichshofrat in

In Sindringen verweigerte das Militär dem Pfarrer Yelin den Eintritt in die Kirche.

Wien Bartenstein und Schillingsfürst wiederholt zur Rücknahme ihrer Dekrete aufgefordert, aber die arrivierten Fürsten waren sich des Wohlwollens der Hofburg sicher und scherten sich nicht drum. Sie hoben sogar das gemeinschaftliche Konsistorium der Waldenburger Linie in Öhringen auf und installierten eine neue Behörde in Pfedelbach, der außer katholischen Beamten nur ein evangelischer Geistlicher angehörte.

Nicht nur im Hause Hohenlohe, wo die katholischen Vettern als »Schlangen- und Otterngezücht«, der Fürst Philipp Ernst in Schillingsfürst gar als »der dicke Ertz-Lügner« bezeichnet wurden, auch im Fränkischen Reichskreis, gezeichnet von der Rivalität zwischen dem Hochstift Bamberg und den Ansbacher Markgrafen, loderte jetzt der Streit auf. Dahinter schwelte der mit den Schlesischen Kriegen Friedrichs des Großen heraufbeschworene Dualismus Preußen contra Habsburg.

Hohenlohe contra Hohenlohe: Es regnete Rechtsgutachten und Flugschriften.

Ein Krieg der Flugschriften und Rechtsgutachten hob an. Größere katholische Reichsstände wie die Kurfürsten von Mainz, Köln, Trier und Baiern sprachen sich für das Herrschaftsrecht aus, die evangelischen Reichsstände forderten Ansbach zur militärischen Exekution auf, um der Reichsverfassung nach den Bestimmungen des Westfälischen Friedens von 1648 Respekt zu verschaffen.

Preußen, England und Schweden sicherten diplomatische Unterstützung zu. Der Staatsrechtler Johann Jakob Moser, wenig später von seinem schwäbischen – und katholischen – Herzog Carl Eugen auf dem Hohenasperg festgesetzt, sah »Teutschland von einem gefährlichen Ungewitter« bedroht. Die Wiener Hofburg lavierte. Mitte Oktober 1750, sechs Jahre nach dem fatalen Osterstreit, marschierte ein ansbachsches Grenadierregiment in die besonders widerspenstige Herrschaft Bartenstein ein. Nachdem dort der Fürst die Wiedereinsetzung und Entschädigung des Pfarrers Yelin bestätigt hatte, die Kosten der Exekution bezahlt waren, rückte das markgräfliche Militär im November wieder ab.

Der Reichshofrat und die Hofburg in Wien hatten zwar selbst

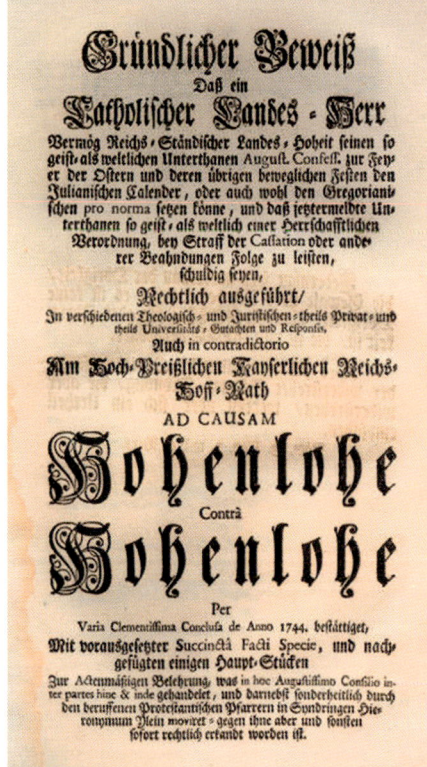

schon mit einer Exekution gedroht, verwarfen das Vorgehen der protestantischen Reichsstände jedoch als gefährlichen Präzedenzfall für Ihre Kaiserliche Majestät. Der von der Neuensteiner Linie eingeleitete Prozess vor dem Reichshofrat dauerte wegen fortlaufend neuer Beschwerden an. Der 1756 entbrannte Siebenjährige Krieg, die Erhebung auch der protestantischen Grafen in den Fürstenstand 1764, mehr noch der Verkauf der waldenburgischen Anteile an der gemeinsam regierten Stadt Öhringen 1782 stellten den Frieden im Hause Hohenlohe allmählich wieder her.

Den katholischen Fürsten war es auf Dauer freilich gelungen, ihrer Konfession als Landesinstitution Geltung zu verschaffen und wichtige kirchliche Aufgaben den weltlichen Ämtern zu übertragen. Aufs Ganze gesehen hatte sich das Primat der Landeshoheit bei notdürftiger Wahrung der hohenlohischen Hausverträge und reichsrechtlich abgesicherten Rechte der evangelischen Konfession durchgesetzt – Absolutismus im Miniaturformat vor dem Abendrot des alten Reiches.

»Adams Rieb und Rebensafft«

Tolerant sehe sich der Hohenloher, hieß es eingangs. Das kontrastiert natürlich denkbar kräftig vor dem Hintergrund schwäbischer Eigenart und verschärfte sich mit der württembergischen Annexion des heutigen Hohenlohe zwischen 1802 und 1809. Galt das Herzogtum am Neckar mit seinem streng orthodoxen Kirchenregiment als das lutherische Spanien, so erschienen die neuen fränkischen Landesteile den hierher versetzten Beamten und Pfarrern als zweifelhaft leichtsinniges, ja sinnlich liberales Heidengaliläa. Das blitzt in den vom Königlichen statistisch-topographischen Bureau in Stuttgart herausgegebenen Oberamtsbeschreibungen über Jahrzehnte hinweg immer wieder auf. Die Franken, und das sind die Hohenloher nach Geschichte, Mundart und Bekenntnis nun mal, haben mit ihrer weltfrommen Lebenslust die schwäbischen Bürokraten offensichtlich immer wieder geschockt.

Undenkbar wäre im alten Wirtemberg der fast schon anakreontisch anmutende Spruch an einem Haus in Niedernhall

gewesen: »Adams Rieb und Rebensafft / ist meine liebste Buelschafft.« Zu Wein und Weib fehlt da bloß noch der Gesang.

In der Grafschaft Hohenlohe begann der Bauernkrieg anno 1525 so: »Die Öhringer Rädelsführer versammelten sich, 2. April, in Lienhard Stahls Haus und verzehrten, trotz der Fastenzeit, ein Kalb mit einander.«

Aus dem Dreißigjährigen Krieg erzählt der Gerabronner Heimatkundler Karl Esslinger: »Ganz ließ sich übrigens die Lebenslust der Hohenloher nicht unterdrücken. Wenn irgend ruhige Zeiten kamen, flammte sie auf. So hat 1626 in Michelbach an der Heide ein Wagner aus Brettach bei seiner vierten Hochzeit mit zwei Urenkelinnen getanzt.«

Und ein geflügeltes Wort hierzulande sagt: »Korze Preddich un lange Veschper hewa d' Bauern am gärnschta.«

In seinem Deutschlandbuch räsoniert Carl Julius Weber über den Ritterbrunnen auf dem Marktplatz der Deutschordensresidenz Mergentheim: »Die Mergentheimer kannten das Ritterkostüm viel zu gut, um auch diesem den großen Hosenknopf wegzumeißeln, wie in einer kleinen Reichsstadt geschah, die auf Andringen der Geistlichkeit den Ritter durch einen Steinmetzen entmannen ließ, weil der Knopf den Wasser holenden Nymphen zu allerlei ungeziemenden Anmerkungen Anlaß gab.«

Hohenloher Toleranz und Osterstreit

Der Sittenschilderer der Öhringer Oberamtsbeschreibung vermerkte 1865 kopfschüttelnd: »Der gute und öfters billige Wein darf als die Ursache vielfacher Excesse, namentlich von Seiten der ledigen Burschen, angesehen werden. Überhaupt ist die Trunkliebe eine wohl seit alten Zeiten herrschende Untugend, die jedoch, nach dem Grundsatz der Toleranz aus bemessen, weniger als ein moralischer Fehler als ein unüberwindlicher Naturfehler angesehen wird. Auch Fleischesvergehen, die nicht selten vorkommen, werden milde beurteilt und bald wieder vergessen.«

Immerhin wohlwollend, ja verständnisinnig hat der Tüngentaler Pfarrer Cleß in der Haller Oberamtsbeschreibung von 1847 das gute Einvernehmen zwischen den Hallern und ihren ehemals reichsstädtischen Landbewohnern gemalt, »welches umso mehr hervorgehoben zu werden verdient, als bekanntlich der Altwürttemberger das Kreuz macht, wenn er einmal Geschäfte halber zur Stadt muß, und sein Geld vierzigmal im Beutel umkehrt, bis er etwas Notdürftiges verzehrt, und dann maulend über schlechte Geschäfte und schweren Verbrauch heimfährt, wogegen der Hall'sche Bauer mit Frau und Töchterlein ein bis zwei Flaschen nicht zu verachtenden Weines, nebst Kraut und Fleisch und einigen Würsten zu sich nimmt, ein Ansehnliches an Bier oben drauf setzt, und dann mit sinkender Sonne, oft noch etwas später, auch zum schlechtesten Markt ein vergnügtes Gesicht machend, mit Beobachtung der gehörigen Stationen nach Hause kutschiert.«

Warum noch immer Schwäbisch Hall?

Zu dem so verwunderlichen wie ärgerlichen Namen Schwäbisch Hall mögen ein paar Hinweise genügen. In der Zeit des staufischen Herzogtums Schwaben wollte man die Stadt mit diesem Beinamen von anderen Hall-Stätten, also Orten der Salzgewinnung, unterscheiden. König Rudolf von Habsburg, der nach dem Sturz der Staufer, nach der kaiserlosen, der schrecklichen Zeit, das der Krone entfremdete Reichsgut wieder sammeln wollte, gründete dafür Landvogteien. Hall wurde zur Landvogtei Niederschwaben geschlagen, deren Sitz, die spätere Reichsstadt Wimpfen, jedoch ebenso lupenrein fränkisch war wie Hall.

Am Hal-
ler Unter-
wöhrdtor ver-
drängte das
Annexions-
wappen den
Reichsadler.

Gegen die Anmaßungen des bischöflich-würzburgischen Landgerichts konnte die Stadt nun dessen Kompetenz bestreiten,
man gehöre reichsrechtlich ja zu Niederschwaben.

Der Haller Stadtschreiber Zweiffel meinte um 1500, er wisse
nicht, ob seine Stadt im Schwäbischen oder Fränkischen liege,
nur das sei gewiss: am Kocher. Angesichts der würzburgischen
wie markgräflich ansbachschen Übergriffe sah Hall sein Heil
damals eher im Schwäbischen Reichskreis mit seinen potenten
freien Städten als im Fränkischen. All seine nachbarlichen Territorien gehörten jedoch selbstverständlich zum Fränkischen
Kreis. Und mit dem Ende des Alten Reiches schnappte sich
der dicke Schwabe Friedrich 1802 den Haller Happen. 1934
wurde der Beiname Schwäbisch im braunen Gau Württemberg
amtlich besiegelt.

Unverdrossen pochen historisch bewusste Franken weiter
auf das zweifellos zutreffende Verorten, das dem spätmittelal-

terlichen Stadtschreiber Zweiffel aus der Feder floss: Hall am Kocher. Ganz radikale Freunde der heimatlichen Geschichte läsen am liebsten die imperiale Marke »Staufisch Hall« im Namensschild der fränkischen Stadt.

Streiflichter müssen genügen

Facettenreich und doch immer wieder auf einen Grundton gestimmt liest sich der Katalog hohenlohischer Toleranz. Eine Handvoll Streiflichter müssen hier genügen.

Unter dem Haller Reformator Johannes Brenz gab es keinen Bildersturm in den Kirchen: »Die Bilder sind Gottes Wort nit allein ohnverhinderlich, sondern demselben gemäß und seiner Gestalt fürderlich.«

Das erbauliche Ende des von den Hohenloher Grafen säkularisierten Nonnenklosters Gnadental liest sich bei Gerd Wunder so: »Im evangelischen Pfarrhaus von Gnadental genossen die letzten Zisterzienserinnen friedlich ihr Gnadenbrot, vom Kaplan der Komburg geistlich betreut.«

In der Ortschronik von Neunkirchen bei Mergentheim heißt es: »Hier ist zu bemerken, daß in Neunkirchen wie in Althausen immer eine kleine Minderheit katholischer Mitbürger vorhanden war. So merkwürdig es klingt: der evangelische Geistliche hat sie in Althausen bis 1687, in Neunkirchen bis ins 18. Jahrhundert hinein getauft, getraut und beerdigt. Und in der Neunkirchner Pfarrkirche stand noch 1782 der Beichtstuhl, der in diesem Jahr repariert wurde.«

Umgekehrt hat der Troubadour Hohenlohes, Pfarrer Rudolf Schlauch, an barocke katholische Toleranz erinnert. Dem Würzburger Stift Neumünster gehörten auch nach der Reformation noch einige Pfarreien in der protestantischen Landwehr, dem reichsstädtischen Territorium Rothenburgs. So kam es, dass deren Geistliche weiter vom Domdechant examiniert, beglaubigt und in Treuepflicht genommen wurden. So pilgerten 1660, gerade mal zwölf Jahre nach dem Großen Krieg, die Pfarrer von Wildentierbach und Leuzendorf, Utz und Stock, nach Würzburg. Zwischen den Einladungen zu Mittagessen und Abendmahl zeigte man ihnen die Sehenswürdigkeiten der Bischofsstadt. Anderntags wurden sie von mehreren Domherren examiniert. Da beide in Straßburg studiert hatten, das als calvinistisch anrüchig galt, klopfte man sie auf »die reine evangelische Lehre« im lutherischen Sinne ab, etwa ob die Taufe zum Heile notwendig und ein Sakrament sei. Nach bestandener Prüfung wurden sie ermahnt, sich beim Predigen antipapistischer Ausfälle zu enthalten, und erneut zum Essen geladen. Als Utz und Stock ans Personal Trinkgeld geben wollten, erklärte der Dechant, bei ihm wäre kein Wirtshaus und man mache bei ihm keine Zeche. Er gab den beiden das Geld zurück; sie sollten es auf dem Heimweg verzehren.

Juden und Pelagianer

»Im Allgemeinen ist die religiöse Anschauung des Hohenlohers eine freiere und tolerantere als die des Altwürttembergers. Leben und leben lassen ist der leitende Grundsatz«, heißt es in der Öhringer Oberamtsbeschreibung. In dem 1880 erschienenen Mergentheimer Pendant wird der alte Gustav Rümelin, zuletzt Kanzler der Universität Tübingen, zitiert, die evangelische Kirche habe im Hohenlohischen »reichere Kultusformen und mehr Eigentümlichkeiten. Der Pietismus und das Sektenwesen sind weniger vertreten«. In theologischen Kreisen, so Rümelin, habe man schon den Gegensatz zwischen Augustin und Pelagius »mit dem Unterschiede der altwürttembergischen und fränkischen Frömmigkeit in Parallele gestellt, ob mit Recht oder Unrecht, müssen wir dahin gestellt sein lassen.«

Der anno 431 von der Kirche geächtete Pelagius hatte die augustinisch-absolute Gnadenlehre samt der Erbsünde abgelehnt. Jeder Mensch komme wie Adam vor dem Falle zur Welt und könne aus eigenem Bemühen die Seligkeit erlangen. Der Tod sei keine Frucht der Sünde, sondern Naturgesetz. Vielleicht, so lässt sich spekulieren, könnte der von Rom später ebenfalls verworfene, etwas konziliantere sogenannte Semi-Pelagianismus das religiöse Charakterbild des Hohenlohers noch besser treffen; nach dieser Lehre schwächt zwar die Sünde den freien Willen, der bleibt aber mit der Gnade Gottes weiter wirksam.

Die stärkste jüdische Gemeinde Hohenlohes war das früher ritterschaftliche Braunsbach am Kocher, das gleich drei Dorf-

friedhöfe aufweist – einen evangelischen, einen katholischen und einen jüdischen. 1832 waren von tausend Braunsbachern 200 Juden. Siegfried Dolde, bis 1994 Pfarrer der Gemeinde, hat das jahrhundertelange gute Einvernehmen der Glaubensgemeinschaften beschrieben. Die jüdischen Kinder hatten damals ihre eigene Schule mit einem staatlich besoldeten Lehrer. Einer, Jakob Strauß, leitete den örtlichen Gesangverein, führte den Militärverein und saß in der Vorstandschaft der Darlehenskasse. Bis 1933 war »in Braunsbach und Umgebung von antisemitischer Hetze überhaupt nichts bemerkt worden.«

Zum Pogrom des 9. November 1938 erzählt Dolde: Die Wirtin, die gegenüber der Synagoge wohnte, hörte nachts Stimmen und sah ein paar junge SA-Männer aus Künzelsau, die ihr von der Gaststätte her bekannt waren. Sie konnte den Trupp, der die Synagoge stürmen sollte, zum Abziehen überreden. Die Männer verständigten aber noch in der Nacht die Partei. So rückte um fünf Uhr in der Frühe ein Haller SA-Trupp ein, der die Synagoge mit Äxten verwüstete, die Thora-Rollen zerfetzt in den Bach warf und zwei wohlhabende jüdische Braunsbacher in wochenlange sogenannte Schutzhaft abführte. Im Spätherbst 1941 begannen auch hier die Deportationen.

Braunsbach besaß gleich drei konfessionelle Friedhöfe; hier der Judenfriedhof.

»Mir san hohelohisch«

Die humorvoll populärste Deutung des Hohenlohers hat zuletzt der Gerabronner Zeitungsmann Manfred Wankmüller in seinen »Schlitzöhrigen Geschichten«, die essayistisch eindringlichste der Germanist und Mundartkenner Walter Hampele gewagt. Dieser hat zudem einen Beleg dafür aus dem Trüben gefischt, wie moralisch erhaben sich manche Schwaben über ihre fränkischen Landsleute gefühlt haben müssen.

Ein Adolf Rentschler konstatierte eine »erschütternde Tragik« in der Familiengeschichte des aus Weil der Stadt gebürtigen, aber genetisch schon fränkisch angekränkelten Reformators Johann Brenz. Das »edle Brenzblut« sei bereits bei einem der Enkel erstickt »in widerlichem Familiendünkel, geistiger Mittelmäßigkeit und sittlicher Minderwertigkeit (Streitsucht und Fleischeslust) im Jahre 1629 und auf der anderen Linie [...] in gesundheitlicher und wirtschaftlicher Verkümmerung im Haller Armenspital um 1700«. Das Warum erklärt sich für den schwäbischen Theologen so: »Dieser jähe Absturz ist zum Teil wohl auf den fränkischen Einschlag in des Brenz Naturanlage zurückzuführen, der für seine Nachkommen durch seine zweimalige Verbindung mit hällischem Blut noch verstärkt wurde.«

Das wurde 1921 veröffentlicht. Kein Kommentar. Dagegen nimmt sich das Verdikt der Mergentheimer Oberamtsbeschreibung, beim Franken sei »die Gemütstiefe des Schwaben nicht zu finden« fast schon harmlos aus. Die erste hällische Frau des Reformators war übrigens die Schwester Margarete des ebenfalls lutherisch gesonnenen Predigers Michael Gräter an der Katharinenkirche links des Kochers.

Beschließen wir dieses Kapitel mit einer Betrachtung des Dichters Gottlob Haag aus Wildentierbach, dessen evangelischer Wehrkirche noch eine schöne gotische Madonna birgt. Ein Tourist, der sich darüber wunderte, fragte einen Bauern, ob denn die Gemeinde nun römisch oder lutherisch sei. »Der Bauer hat den Fremde ouguckt, wie e' Reecheworm, wenn's dunnert und hat schließlich gsocht: ›Mir san nit römisch und a' nit lutherisch – mir san hohelohisch.‹«

Reichsammonit und Bonifatiuspfennige

ie Flüsse Hohenlohes haben sich tief in den Muschelkalk gefräst. An den Hängen zeichnet sich da oft das klassische Profil des Gesteins ab. Der Untere oder Wellenkalk baut steil ansteigende Wände auf. Schaumkalkbänke bändern die Grenze zum Mittleren Muschelkalk. Dessen Salzstöcke wurden vom einsickernden Regenwasser weitgehend ausgewaschen, seine Gipsflöze gar noch abgebaut. So sank diese Formation in sich zusammen und bildet verebnete fruchtbare Feldterrassen. Der widerständige, aber zerklüftete Obere oder Hauptmuschelkalk baut, meist von Lettenkeuper überdeckt, die Schädeldecke der Hohenloher Ebene auf.

Die 1895 errichtete Geologische Pyramide auf der Crailsheimer Wilhelmshöhe.

Der Name des Gesteins verweist auf seine Sedimentation in einem Meer vor gut 200 Millionen Jahren. Dessen Fauna hat er in versteinerten Negativabgüssen, in Petrefakten, überliefert, vom austernknackenden, austernschlürfenden Saurier bis zur winzigen Muschel. Der Muschelkalk stellt nur eine der vielfältigen Erscheinungen des Kalks dar, der fast ausschließlich aus dem weltweit verbreiteten Mineral Kalkspat, kohlensaurem Kalk, besteht. Er liebt verblüffende Maskierungen und Metamorphosen, erscheint als Korallenriff, Kreide, Marmor und Dolomit, als Jurakalk, Tuff, Travertin und Tropfstein, bei dem steter Tropfen den Stein nicht höhlt, sondern erschafft.

Früher konnte man sich die versteinerten Meeresgeschöpfe auf den Bergen nur als Überbleibsel der Sintflut erklären, während Freigeister wie Voltaire sie notgedrungen als spielerische Figurationen der plastisch schaffenden Natur zu deuten versuchten. Unser Muschelkalk ist nicht nur Walstatt und Sarkophag einer myriadenfachen Meeresfauna. Er ist der Historiker unter den Gesteinen und blättert sich als Fossilienarchiv der Erdgeschichte auf. Kein Wunder, dass er der Liebling kritisch scharfer Geister war und ist. Der Begründer der Germanistik, Jacob Grimm, wählte einen Muschelkalkpetrefakten als Briefbeschwerer, sein poetisch weicher gestimmter Märchenbruder Wilhelm einen Bergkristall.

Ceratites nodosus im Wappen?

Leopold von Buch, der bedeutendste Geologe der Goethezeit, hat einmal ernsthaft oder augenzwinkernd vorgeschlagen, einen Ammoniten, den Ceratites nodosus, als heraldisches Emblem ins deutsche Reichswappen aufzunehmen, weil er ausschließlich in Deutschland gefunden wird, von einem bescheidenen Ausreißer ins Lothringische abgesehen.

Wilhelm Bölsche, der in seinen populärwissenschaftlichen Werken unsere Großväter und Urgroßväter über die Welträtsel des Kosmos und unserer Mutter Erde aufgeklärt hat, merkte 1905 dazu an: »Es war ein großer Tintenfisch, der in einer hübschen gedrehten Schale saß wie heute der Nautilus auf Amboina […] es ist drollig, wie dieser alte Krake sich dabei mit

der auffälligsten Konsequenz wirklich immer nur auf solchem Boden gehalten hat, der später einmal deutsch werden sollte […] Auf diesem Deutschboden vermehrte er sich mit Glück in wahrhaft biblischer Weise […] sonst bekam ihn kein Erdenfleck zu sehen.«

Wie sich die Meeresgeschöpfe ihre Kalkrüstung bauen, sei wenigstens angedeutet. Kalk als Bestandteil der Erdkruste löst sich im Wasser zu unsichtbarem Calciumbicarbonat; dieses wiederum wird durch Entzug der Kohlensäure chemisch ausgefällt und flockt aus. So können die Meerestiere den gelösten Kalk im Wasser aufnehmen, ihre Schale, ihren Panzer anlegen.

Früher hat man die Ammonshörner, vor allem aus der Familie der Ceratiten, als versteinerte, geschrumpfte, eingerollte Drachen gedeutet. In heidnischer Zeit galt der Drache allem Anschein nach zumindest als dämonisch doppeldeutig, nicht nur grauenerregend. 1688 heißt es in einer Dissertation über diesen Petrefakten: »Man hält insgeheim davor / daß dieser Drachenstein sonderbare Kraft bey Hexerei habe«, und 1735 noch wird das in Friedrich Christian Lessers »Lithotheologie«, also der im Stein wirkenden göttlichen Macht, bestätigt.

Gartenmauer eines Fossiliensammlers in Bettwar am Oberlauf der Tauber.

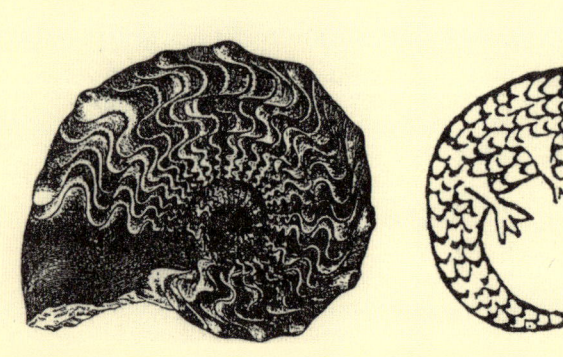

Ceratites nodosus gleicht dem Umriss eines alchemistisch-symbolischen Drachens.

Das widderhornartig gewundene Fossil aus dem Oberen Muschelkalk hat seinen Familiennamen Cerat it vom griechischen keras gleich Horn, nodosus meint knotig. Ceratiten wie Ammoniten gehören zur Klasse der Kopffüßer oder Kephalopoden; der freilich nur als Torso erhaltene größte fossile Ammonit wurde auf zweieinhalb Meter Durchmesser geschätzt, heutige Tintenfische erreichen gar sechseinhalb Meter. Der Petrefaktensammler Eduard Mörike hat unser Knotenhorn im Hohenlohischen gesammelt und gezeichnet. Ins Reichswappen geriet der Ceratites nodosus zwar nicht, dafür hat ihn die Weingärtnergenossenschaft Markelsheim, deren Lage Tauberberg gerade noch den Hauptmuschelkalk erreicht, als Wappentier auf ihr Flaschenetikett gesetzt.

Mühlstein, Heilstein, Sonnenstein

Jeder, der schon einmal im Hauptmuschelkalk nach Versteinerungen gesucht hat, kennt die Trochiten, die kleinfingernagelgroßen, strahlig gekerbten Stielglieder der Seelilie Encrinus liliiformis, die ganze Petrefaktenbänke aufbauen. Diese Seelilien waren keine Wasserpflanzen, sondern gehörten wie Seesterne und Seeigel zu den marinen Stachelhäutern. Ihre Larven setzten sich bevorzugt auf Muschelriffen fest und wuchsen in einem subtropischen Meer bis zu anderthalb Meter heran. Ihr Haupt bildete eine lilienartige Krone, deren Fangarme Plankton aus dem Wasser filterten. Abgestorben, zerfielen die Skelettelemente, die sich im Sediment ansammelten.

Während versteinerte Kronen sich eher rar machen, haben Überreste der Stielglieder die bis zu 15 Meter mächtigen Trochitenbänke aufgebaut, wie wir sie etwa an der Jagst zwischen der Gröninger Hammerschmiede und dem Städtchen Kirchberg finden. Die kalkgrauen Fossilien lassen nichts mehr von der einstigen schillernden Farbenpracht der lebenden Tiere ahnen. Ihre heutigen Nachfahren sind sehr selten und leben in der Tiefsee. Charakteristisch schöne Fundstücke von Ceratiten und Seelilien zeigt vor allem das von Hans Hagdorn aufgebaute Muschelkalkmuseum in Ingelfingen.

Winzigen Mühlsteinen gleichen die Stielglieder der Seelilie. Auch sie galten als Zaubersteine. An einem Halsband auf dem Rücken getragen, sollte der Trochit vor der Fallsucht, der Epilepsie, bewahren, weiter vor Gespenstern schützen. In der Apotheke wurden die Steinchen gegen ein wahres Sammelsurium von Leiden verkauft – Gliederzittern, Melancholie, Giftbisse, Nasenbluten, Schwindel, Nierenleiden, sogar »zur Hebung des Verstandes«. Harmloser war, dass man sie zu Schmucknadeln und Broschen verarbeitete.

Der Name Sonnenstein wird auf keltisch-germanische Vorstellungen zurückgeführt. Andere Bezeichnungen lauten Sonnenrad oder Sonnenradstein, Hexengeld oder Wichtelsteine. Unsere heidnischen Vorfahren sahen sie als Abbild des lebensspendenden Taggestirns und trugen sie als Amulett. Man hat auf ganz ähnliche Zeichen in der Volkskunst an Häusern wie auf Gebäck hingewiesen. Hans Lüschen fährt in seinem Buch »Die

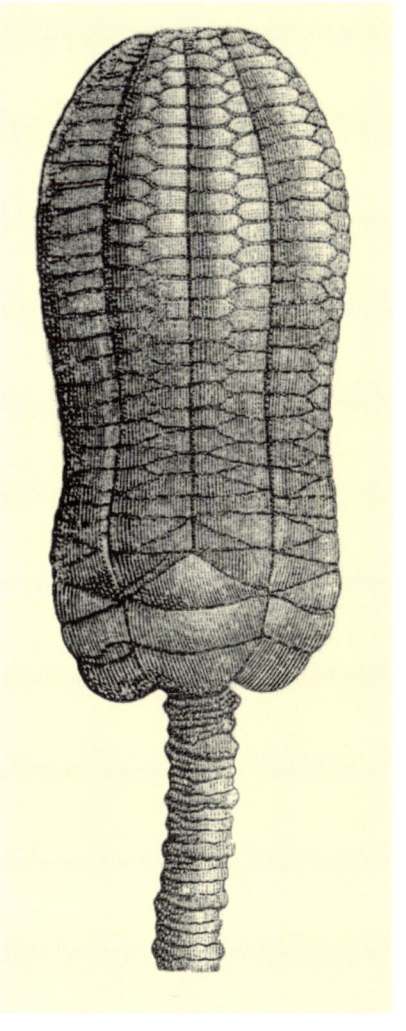

Die versteinerte Krone einer Seelilie, eines Stachelhäuters im Muschelkalkmeer.

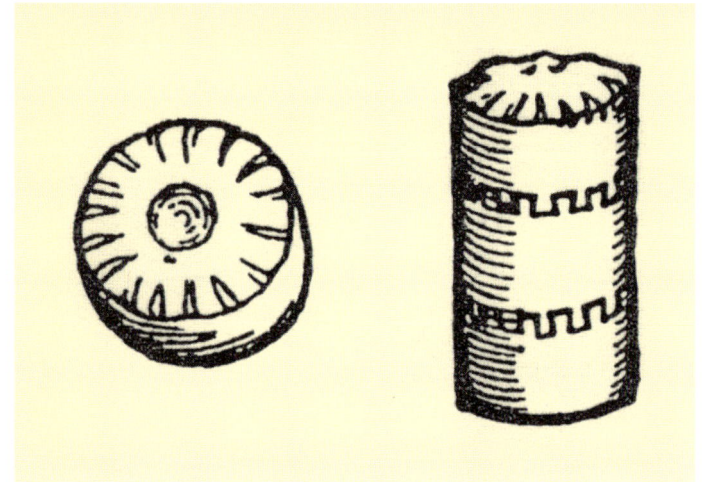

Die Stängelglieder der Seelilie hat die Legende als Bonifatiuspfennige gedeutet.

Namen der Steine. Das Mineralreich im Spiegel der Sprache« unterm Stichwort ›Sonnensteine‹ fort: »Daß eine reiche Fundstelle wie der Hülfensberg bei Geismar eine alte germanische Kultstätte war, erscheint in diesem Zusammenhang bedeutsam.«

Die Kirche hat diese heidnischen Relikte dann auf ihre Weise legendär umgedeutet: Als die bekehrungsunwilligen Altvorderen vom Germanen-Missionar Bonifatius Geld gefordert hätten, habe dieser das Geld im ganzen Lande verflucht, sodass die Münzen zu kleinen Steinchen, den Bonifatiuspfennigen, zusammenschnurrten.

Reichsammonit und Bonifatiuspfennige

Brunnenaquarelle

*M*it einem alten Freund, weißbärtig, aber wurzelzäh, wanderte ich von Würzburg über den Katzenbuckel durch den Odenwald an den Neckar. Zuvor, im Bauland, im Talerstädtchen, so der Spitzname der Nachbarn für Buchen, nahmen wir Nachtquartier. Unter unserem Fenster schwatzte ein Sandsteinbrunnen, benannt nach einem einheimischen Minnesänger, selbstverliebt vor sich hin. Uns ward schon ganz eichendörfflich zumute. Aber als wir vom abendlichen Umtrunk zurückkehrten und uns aufs Einschlafen mit der Wassermusik freuten, brach das Geplätscher unvermittelt ab. Die Stille wirkte beunruhigend, verstörend fast. Anderntags beim Frühstück klärte uns der Wirt auf. Die Stadt stelle jeden Abend Schlag zehn Uhr den Brunnen ab, da sich sonst die spärlichen Touristen im Talerstädtchen vom Element in ihrer Nachtruhe gestört fühlen könnten. Wir schauten uns nur an und machten, dass wir fortkamen.

Unterm 12. Mai erzählt Goethe in seinem Briefroman »Die Leiden des jungen Werther« von einem Brunnen, an den er gebannt sei »wie Melusine mit ihren Schwestern. Du […] findest dich vor einem Gewölbe, da wohl zwanzig Stufen hinabgehen, wo unten das klarste Wasser aus Marmorfelsen quillt. Die kleine Mauer, die oben umher die Einfassung macht, die hohen Bäume, die den Platz ringsumher bedecken, die Kühle des Orts; das hat alles so was Anzügliches, was Schauerliches […] Da kommen dann die Mädchen aus der Stadt und holen Wasser, das harmloseste Geschäft und das nötigste, das ehemals die Töchter der Könige selbst verrichteten. Wenn ich da sitze, so lebt die patriarchalische Idee so lebhaft um mich, wie sie, alle die Altväter, am Brunnen Bekanntschaft machen und freien, und wie um die Brunnen und Quellen wohltätige Geister schweben.«

Einen ähnlichen Brunnenort gab es im äußeren Schlosshof der Hochmeisterresidenz Mergentheim. Etwas abgerückt von der Platanenallee, in die Rasenfläche eingesenkt, erhob sich der mächtig-quadratische steinerne Brunnenkasten; den Brunnenstock mit ausladender Schale bekrönte ein Pinienzapfen. Stufen führten in das ummauerte, mit Platten belegte Steingeviert, das algengrün verzopft und gefleckt selbst im glühendsten Sommer Kühle atmete. Ein aparter Ort, dem Alltag, der betriebsamen Allee entrückt. Der Brunnen wurde im späten 16. Jahrhundert errichtet. Auf die Renaissance deuten am Brunnenstock Masken und Traubengehänge sowie das antike Motiv des Pinienzapfens, der wegen seiner vielen Schuppen als Sinnbild der Fruchtbarkeit galt. Unser Wassermonument war ein Fischbrunnen, in dem die silbrige Beute aus Flüssen, Bächen, Teichen vor dem Gang in die Hofküche lebend frischgehalten wurde.

Das für den Schlossbereich zuständige Staatliche Hochbauamt hat Ende der siebziger Jahre dieses Ensemble zerstört, das Steingeviert aufgefüllt, planiert, seines Mauerrahmens wie seiner Steinplatten beraubt und den so völlig isolierten Fischbrunnen auf gleicher Höhe randscharf an die Allee gezwungen. Kein entrückter, das Numinose beschwörender, in sich geschlossener Ort des Elements mehr – ein bequemer Spucknapf für jeden Buben, der da vorbeistreift. Geschändet, das klingt nicht zu hart für diesen Akt sinnloser, pietätloser Willkür. Kein sogenannter Barbar hätte sich je derart an dieser Stätte vergriffen.

1979 notierte Ernst Jünger, der mit ihm befreundete Bildhauer Hans Wimmer habe in Donauwörth einen Adlerbrunnen geschaffen, und der Bürgermeister bei der Einweihung den öffentlich vorgebrachten Einwand erwähnt, der Reichsadler sei »ein faschistisches Symbol«. Dabei ist er Wappenvogel der ehemaligen Reichsstadt. Und weiter: »Als das Werk enthüllt und der Brunnen zu springen begann, beklagte hinter uns eine Frau die Wasservergeudung – ein ökonomisch orientiertes Zeitalter hat die entsprechenden Ängste; für den Überfluß, selbst im Komfort, fehlt der Sinn.«

Von den guten Geistern verlassen

Wozu die ungebührlich lang geratene Intrada? Weil uns mit dem Gespür fürs Elementare längst die guten Geister des Brunnens, der Quelle verlassen haben. Im Brunnen hatte sich der Mensch des lebendigen Elements versichert, ohne es zu vergewaltigen.

Als Märchenort der Verwandlung, denken wir nur an Brüderchen und Schwesterchen, an Eisenhans, an den Froschkönig oder Frau Holle, als Ort des guten alten Rechts, das unter der Gerichtslinde neben dem Brunnen wortwahr geschöpft wurde, als Sammelplatz der Gemeinde, als Denkmal der Geschichte, in Mythos, Sage, Volkslied und Dichtung hatte sich der Brunnen seine unerschöpfliche Gleichniskraft bewahrt.

Wasser ist der Ursprung allen Lebens auf dieser Erde. Daran erinnern der Brunnen, der die vier Flüsse des Paradieses speiste, wie die Mär vom Jungbrunnen oder Kindbrunnen, aus dem das Ammfräle bei der Geburt die Kleinen holte. Als Wochenstube des Lebens war der Brunnen auch Eingang ins Fremde, Dunkle, Unbekannte, ganz und gar Andersartige. Er bezeichnete die Grenze zwischen diesseitiger und jenseitiger Welt, war von Verehrung wie Schrecknis umwittert und besaß weissagende Kraft. In früher fränkischer Zeit, 731, verbot Papst Gregor III. unseren Vorfahren die »fontium auguria«, das Befragen des Quellenorakels.

Im Willinger Tal bei Mergentheim ging die Sage vom »Talfraale« um, das Sonntagskindern Gutes tue. Ein zehn Jahre alter

Verwunschen erscheint hier noch der Fischbrunnen im Mergentheimer Schlosshof.

Bub erzählte seiner Freundin Anna, das Talfraale habe ihm ein Goldstück ins Wasser gelegt. Die beiden gingen hinaus. »Die Türe der Brunnenstube hing nur angelehnt in dem Steinrahmen […] Am Boden in dem Raum war ein kleines sandiges Becken, darein der Überlauf quoll […] und auf seinem Grund inmitten schimmerte ein Goldstück. Anna durfte es sich herausholen und behalten.« Der Erzähler, der Dichter Hans Heinrich Ehrler, Jahrgang 1872, hatte die goldene Fünfmarkmünze zu Weihnachten erhalten und vorher dort versenkt. Als Mann kehrte Ehrler wieder, fand die Brunnenstube jedoch nicht mehr. »Ich hätte auch nur einen schmierigen Papiergeldschein, um ihn vom Talfraale in das Kieselbecken legen zu lassen. Es gibt kein Goldstück mehr in Deutschland.«

Dem Mythos folgte die Legende

Da kirchliche Verbote wenig halfen, deutete man heidnisch weltfromm verehrte Bäume und Quellen christlich um. Bald gab es Wallfahrten und Opfergänge zur Maria im Hollerbusch oder zu Mariä Trostbrünnlein. Vor der Wallfahrtskapelle Neusaß überm Kloster Schöntal an der Jagst rinnt in einem Gewölbe

Brunnen auf Schloss Tierberg, dem Schloss Schweigen der Autorin Agnes Günther.

ein heiliger Quell. Der zu Unrecht vergessene und als »völkischer Beobachter« geschmähte Gerd Gaiser, Pfarrersbub wie Albrecht Goes, mit dem er im Schöntaler Seminar die Stube teilte, hat da einen Gang der Erinnerung beschrieben. Trittplatten bezeichnen den alten Wallfahrtsweg vom Tal die Honigsteige aufwärts. Ein paar Fischweiher der Zisterzienser blinken wieder seitab. Etwas abseits »fließt die wundertätige Quelle in einer kunstlosen Wölbung, die knapp ein Stehen erlaubt. Frisch und süß schmeckt das Wasser; es gilt aber nicht nur davon zu trinken, man muß auch beide Augen damit netzen […] Aber auch damit nicht genug: Ins Gewölbe ist ein Stein eingelassen, blankgewetzt, ein dunkler, kopfgroßer Kiesel; es heißt, ihn habe der Bebenburger, der Schenker und Gründer, von seinem Kreuzzug mitgebracht. Man muß die Finger in den Stein legen, und in der Tat ist er von unzähligen Fingerdrücken so ausgedellt, daß man sein Alter am Ort glauben möchte. Im Hintergrund aber zieht die Hohe Straße vorbei, der uralte Salzweg, der Geleitweg auf der Wasserscheide zwischen Jagst und Kocher […]«

Bronzezeitliche Gewandnadel: einst Opfergabe an der Mergentheimer Karlsquelle.

Nach dem letzten Krieg stieß man in Bad Mergentheim in einer der Brunnenstuben des 16. Jahrhunderts auf ein tönernes Vesperbild, das jetzt im Deutschordens-Museum steht. Der steinerne Sockel trägt die Inschrift: »FONS MARIA PIETATIS, MATER NOSTRAE CIVITATIS, FONTEM TUAE GRATIAE FRATRIBUS NON SUBTRAHE«, also: »Maria, Quell der Frömmigkeit, Mutter unserer Stadt, entziehe den Brüdern« – gemeint sind die des Deutschen Ordens – »nicht den Quell deiner Gnade.«

Heiligenbronn bei Schrozberg hat seinen Namen anscheinend von einer heilkräftigen Quelle. Ihre wundersame Gabe erlosch der Sage nach, als die Einwohner begannen, von Fremden Geld für das Wasser zu fordern.

Alte Brunnen öffnen sich oft als archäologische Fundgruben. Wo sie später als Abfallschächte missbraucht wurden, geben die Funde Einblick ins Alltagsleben, so wie uns der Gang über den Flohmarkt mit seinem Trödelkram die Lebensweise der Großeltern und Urgroßeltern erhellen mag. Zuweilen finden sich jedoch auch Opfergaben, Weihgeschenke, um den launischen Wasserdämon zu besänftigen, oder kultische Reliquien, die man hier verborgen hatte. Als in Mergentheim 1911 die Fassung der Karlsquelle erneuert wurde, barg man neben Tonscherben zwei bronzezeitliche Gewandnadeln mit dem Sonnenrad, ein Beweis für die prähistorische Nutzung der Salzquelle in der Tauber-

aue. 1950 stieß Emil Kost auf der Stöckenburg über der Bühler, nordöstlich der Martinskirche, auf einen Brunnen, dessen
Fundstücke eine kontinuierliche Nutzung von der Keltenzeit bis
ins 19. Jahrhundert belegten. An abgegangene Ortschaften erinnert zuweilen nur noch,
was einst an ihrem Anfang gestanden hatte – ein Brunnen. Vom
Weiler Igelstrut bei Hachtel, im späten Mittelalter aufgegeben,
ist die Brunnenstube samt dem Flurnamen Igelstruter Bronnen
geblieben. Von dem Burgweiler Schönstheim bei Röttingen,
ehemals im Besitz der Herren von Hohenlohe, ist mitten im
Wald der in Stein gefasste, inzwischen versiegte Brunnen mit
der Jahreszahl 1588 im Schlussstein geblieben. Dagegen rinnt
noch der überwölbte Brunnen der verschwundenen staufer-
zeitlichen Burg Werdeck über der Brettach. Von der nach der
großen Rothenburger Fehde 1408 auf königlichen Befehl ge-
schleiften Feste Obergailnau auf der Frankenhöhe sind nur der
Flurname Burgstall und der runde Brunnenschacht geblieben.

Auf der Höhe war das Wasser knapp

Unabhängig vom öffentlichen Brunnen gab es in Hohenlohe
in vielen Bürgerhäusern und noch mehr Bauernhöfen eigene
Wasserstellen. Meist waren es keine Laufbrunnen, sondern vom
Grundwasser gespeiste Ziehbrunnen, wie sie noch in Kleinans-
bach bei Rot am See oder in Waldtann überdauert haben. Im
19. Jahrhundert folgte dem Ziehbrunnen mit Schöpfeimer der
gusseiserne Pumpbrunnen.

In Ilshofen, in der Steinbrunnenstraße, steht über einer
Quelle ein spitzgiebliges, steinplattengedecktes Brunnenhäusle
mit rundbogigem Tor und den drei Wappen der Reichsstädte
Hall, Rothenburg und Dinkelsbühl, ein heraldisches Zeugnis
für deren Kondominat über das ehemals hohenlohische Städtchen zwischen 1398 und 1562. Vom Pfarrhaus des »Urfreundes«
Wilhelm Hartlaub in Wermutshausen spazierte Mörike gerne
zum Wasserschöpfen nach Ebertsbronn. Die Brunnenstube ist
vor dem letzten Krieg einem Neubau gewichen, doch hat man
den Scheitelstein des alten Bogens mit der Jahreszahl 1581 als
Spolie eingemauert.

Wasser ziehen, Wasser schöpfen, Wasser holen war Aufgabe der Frauen, Mägde, Kinder. Kein Wunder, dass der öffentliche Brunnen als Treffplatz der Weiblichkeit zugleich als ein unerschöpflicher Born von Geschichten und Gerüchten sprudelte. Da wurde auch viel schmutzige Wäsche gewaschen. Man kann den Frauen das Schwatzen nachsehen. Denn die pastorale Augenweide des Dorfbrunnens war zugleich eine arge Plackerei. Im muschelkalktrockenen Bauland, wo das Wasser oft von weither geholt werden musste, ist der Spruch überliefert: »I bin a klans Madle, / muß Wasser trache: / wie drückt mi mei Küwele, / darfs gar net sache.«

Schwierig war auch die Wasserversorgung auf den Bergspornen der Burgstädtchen Hohenlohes. Das Exempel stellt Waldenburg dar. Zwar teufte man im Schlosshof einen Brunnen 65 Meter in die Tiefe und überspannte ihn mit einer kunstvollen Gitterhaube. Aber das reichte kaum für die Herrschaft und für die Bürger schon gar nicht. So fasste man am steilen Bergsporn auf halber Höhe eine Quelle. Vom Brunnentörle beim Nachtwächterturm führte ein Stäffelesweg mit 248 Stufen zu dieser Brunnenstube. Hier mussten die Waldenburger täglich hinauf, um ihr Wasser herunterzuschleppen. 174 dieser Stufen sind erneuert worden, der Brunnen ist längst verschlossen. Auf der Lauracher Höhe erschloss man später Quellen, deren Nass mit Heberädern

248 Stufen hoch wurde das Wasser von dieser Quelle nach Waldenburg geschleppt.

in Stadt und Schloss geführt wurde. Der künstlerische und technische Tausendsassa Heinrich Schickhardt wurde 1611 für diese »Wasserkunst« verpflichtet. Erst 1901 erhielt der Lachnersturm ein Wasserreservoir, das ausreichend Gefälle besaß.

Trotzdem weckte der Bau einer Wasserleitung mit Anschluss an jeden Haushalt in Stadt und Land nicht nur Freude. In seinen Jugenderinnerungen berichtet der 1937 noch rechtzeitig von Niederstetten nach Nordamerika emigrierte Bruno Stern: »Eine Frau beklagte sich, sie könne jetzt nicht mehr zum Brunnen gehen, um Wasser zu holen. Dies war ihre tägliche Erholungs- und Plauderstunde gewesen, da sie dort auch alle Nachbarsfrauen getroffen hätte. Jetzt, so jammerte die Frau, komme sie zu gar niemand mehr und erfahre auch nicht mehr, was in der Welt vorgehe.«

Der Haller Marktbrunnen

Wer dem Gestaltwandel des Brunnens nachspürt, stößt auf eine Fülle der verschiedensten Formen. Jeder Brunnen verdankt sein Dasein einer List der praktischen Vernunft. Die Not, der Wechsel von Dürre und Überfluss, zwang dazu.

Jochbrunnen, Schalenbrunnen, Laufbrunnen haben das allgemeine Brunnensterben oft nur überstanden, weil sie repräsentativen Charakter besaßen. Die mittelalterlichen Baumeister sahen im Brunnen eine Chance städtebaulicher Auflockerung. Selten stellten sie ihn deshalb als zentralen Blickfang auf, sondern rückten ihn von der Gassenachse ab; das war nicht nur eine Frage der Ästhetik, sondern auch praktisch gedacht. Öffentliche Brunnen hatten ja steten Zulauf. Erst das absolutistische Bauprinzip des Barock brach mit dieser Tradition und betonte die Symmetrieachse.

Da, wo sich die mittelalterliche Stadt an einen Hügel oder gar Burgberg schmiegte, konnte man das Gefälle mit einer Mauerwand auffangen und gewann so eine Waagrechte für den Brunnen. Das schönste Beispiel eines solchen Wandbrunnens bietet Hall mit seinem Skulpturenbrunnen in der Ecke des ansteigenden Marktplatzes. Die Stadt lebte ja jahrhundertelang von einem Brunnen, dem Salzbrunnen, der Sole am Kocher mit ihrem Haalgeist. Inbrünstig sang die Gemeinde im »Reichs Stadt Hallischen Gesangbuch« die Strophe »Es quillt der edle Bronn herfür / Aus tiefem Felsengrunde […]«

Entworfen hat den Marktbrunnen der am Chor der St.-Michaelskirche tätige Baumeister Konrad Schaller, gefertigt hat ihn 1509, zwei Jahre nach dem Bau der monumentalen Freitreppe, der Bildhauer Hans Beuscher, der dafür 40 Gulden erhielt. Der Rückgriff auf den Wandbrunnen der Antike war damals einzigartig in Deutschland, unmittelbares Vorbild der genau hundert Jahre zuvor errichtete Fonte Gaia in Siena. Unter drei gotischen Baldachinen triumphiert in den Hochreliefs die göttliche Weltordnung über die dämonischen Gegenmächte, von links: Simson bezwingt den Löwen, St. Michael stößt Luzifer in die Tiefe, St. Georg erlegt den Drachen, der vielleicht auch als Sinnbild der Pest zu deuten ist. Aus den Mäulern der Ungeheuer plätschert das Wasser.

»Der hübsch Brunn auf dem Markt«, wie es schon in zeitgenössischen Berichten heißt, sollte mit seinem reinen Wasser die Seuchengefahr bannen. Die Brunnenwand bekrönt ein zierliches Gitterwerk von 1620, daneben stößt der Pranger als gotische Fiale ins Himmelsblau. Das knapp 100 000 Liter fas-

Hans Beuscher schuf 1509 die Skulpturen am Wandbrunnen des Haller Marktplatzes.

sende Becken erhielt 1787 seine farbig gefasste Plattenfront aus Gusseisen und speiste auch einen inzwischen verschwundenen Fischkasten.

Ein Jahrhundert lang, bis 1378, gehörte Uffenheim den Herren von Hohenlohe. In dem mittelfränkischen Städtchen überrascht als Pendant zu Hall der Markgrafenbrunnen, flankiert von den Treppenaufgängen zur Kirche, 1749 im etwas trockenen markgräflichen Spätbarock an den Hang gelehnt. Schwarze Zollernadler halten die Schrifttafel, deren Schild Kornähre und Hopfenranke entwachsen. Die lateinische Inschrift rühmt in altrömisch erhabenem Tonfall »praefecti senatus populique Uffenheimensis«, also Amtsvorstände und Rat der Uffenheimer Bürgerschaft, die das Prachtierstück fürs öffentliche Wohl errichtet hätten.

Stadtherr oder Wahrzeichen?

Merkwürdige Zwittergestalten, halb Gotik, halb Renaissance, stellen die Brunnenritter dar, die im Schwäbischen oft als Darstellungen der Herzöge Ulrich und Christoph gedeutet werden. Über dem rokokobeschwingten Becken des Öhringer Marktbrunnens wacht auf der Brunnensäule ein Geharnischter mit Szepter und Leopardenschild. Die Oberamtsbeschreibung von 1865 merkt dazu an:»Eine erst in neuerer Zeit hinzugekommene Inschrift lautet: Albrecht Grav von Hohenlohe 1555.«

Entsprechend wird der Ritter mit Fahne und Wappenschild auf dem Mergentheimer Marktbrunnen von vielen Einheimischen als der Hochmeister Wolfgang Schutzbar, genannt Milchling, bezeichnet; der Beiname soll auf die germanische Waffenbezeichnung »melch« zurückgehen. Immerhin verdankt die Stadt ihm eine großzügige Erneuerung der Wasserversorgung, und das Schild zeigt Schutzbars Meisterwappen.

Trotzdem – wie die Rolandfiguren im Norden Deutschlands verkörpern auch diese Brunnenritter nur die Marktgerechtigkeit der Gemeinde, worauf auch die Marktwahrzeichen Fahne und Wappen hinweisen. 1548 zahlten die Mergentheimer dem Meister Niklas Bösler für den »mann uff dem bronnen mit dem wappen« 28 Gulden. Dass man die namenlosen Sinnbilder lan-

Ein Wahrzeichen des Marktfriedens stellt der Mergentheimer Milchlingsbrunnen dar.

desherrlichen Schutzes auch ohne jede Porträtähnlichkeit gerne personalisierte, bleibt verständlich. Die steinernen Männer brauchten eben einen Namen.

Zunächst stand der Milchlingsbrunnen am Anfang der Burgstraße und schaute zum Rathaus. Um 1900 wurde er schnöde abgebrochen, weil man Gehsteige anlegen wollte, doch barg man immerhin die Ritterfigur. 1926, zur Hundertjahrfeier der Quellentdeckung, wurde der Brunnen am jetzigen Standort erneuert. Alten Mergentheimern galt der steinerne Mann als nächtliches Orakel, je nachdem wie Mond oder Wolken sein Antlitz aufhellten oder verdüsterten. 1945 wurde er von Besatzungssoldaten mit Benzin übergossen, angezündet und so zum Mohren geschwärzt. Noch Schlimmeres tat man dem Recken an, als neben ihm fürs inwendig bedrängte Publikum ein stilles Örtchen geschaffen wurde. Da helfen auch keine Geranienkästen.

Barock und Zopf

Das Felsennest Vellberg ob der Bühler begeht am ersten Wochenende im Juli sein Weinbrunnenfest. Der Städtlesbrunnen, geziert mit barbusiger Iustitia, scheinheilig schauender Fides, Nymphen und dem Wappen der reichsstädtisch hällischen Herrschaft am gusseisernen barocken Trog, erhielt 1966 einen neuen steinernen Stock; seine drei Speimasken, als Schlemmer, Prasser, Geizhals gedeutet, spenden dann heimischen Wein, weiß und rot.

Den Weikersheimer Marktplatz belebt seit 1728 der Achteckbrunnen mit der Fama, die von der verblichenen Glorie des Hauses Hohenlohe kündet. Das in dieser Form erstmals 1593 belegte Stadtwappen an der eleganten Brunnensäule mit dem Dreipass der Symbole für Sonne, Mond und Merkur musste im Dritten Reich vereinfacht werden, da keine ordnungsgemäße Verleihung mehr festzustellen war. Auch nach 1945 wurde das einfache Siegel mit dem silbernen W und der goldenen Grafenkrone als verbindlich erklärt. Stuttgart lässt den Gebrauch des Brunnenwappens mit den astralen Symbolen, die vielleicht auf die alchimistischen Neigungen des Grafen Wolfgang II. zurückgehen, nur bei besonderen Anlässen auf Widerruf zu.

Der früher von Moos, Farn und Glockenblumen getupfte Rokokobrunnen im Innenhof des Schlosses wird von einer Quelle am Winterberg gespeist, deren Wasser in Röhren durch die Tauber hierher geleitet wird. In den kargen Nachkriegsjahren wuschen sich die Eleven der »Jeunesses Musicales« morgens und

Der Weikersheimer Marktbrunnen mit den Wappensymbolen: Sonne, Mond, Merkur.

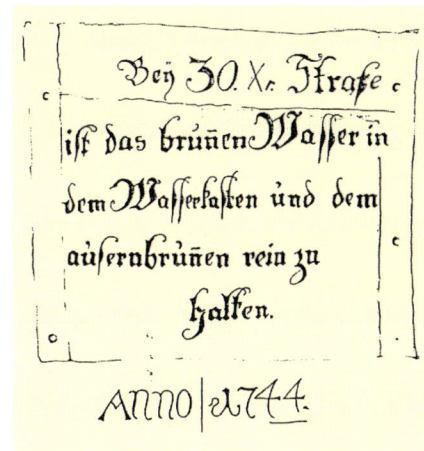

abends, Männlein und Weiblein, einträchtig an diesem Brunnen. Es war schließlich Sommer.

Nachdem das Land Schloss Weikersheim 1967 erworben hatte, wurde der frühbarocke, an den Rändern angenehm verwilderte Hofgarten purifiziert, aber auch das Wasserspiel des zentralen Heraklesbrunnens erneuert. Auf Dauer müssen freilich die originalen, vom kalkhaltigen Nass mit der Zeit versinterten Sandsteinfiguren des Brunnens durch wasserbeständige Kopien ersetzt werden. Der Heros kämpft hier nicht etwa mit der sagenbekannten Hydra, sondern mit dem Drachen Ladon, der den Garten der goldenen Hesperidenäpfel bewachte.

Im Klosterhof Schöntal an der Jagst überrascht vor der Neuen Abtei der 1787 errichtete Mohrenbrunnen. Der Abt Maurus Schreiner hat da seinem Namenspatron St. Mauritius höchst unbefangen ein exotisches Denkmal gesetzt – keinen römischen Legionskommandeur der Märtyrerlegende, keinen Ritter mit Heiligenschein, sondern einen dreiviertels nackten Mohren mit goldenem Federschmuck.

Im Klassizismus wich der figurenbekrönte Brunnenstock meist einem schlichten Obelisken, einer Pyramide, einer steifen Urne oder Vase. Statt des blühenden Ornaments herrschte nun der in der Bewegung gleichsam erfrorene, erstarrte lineare Umriss vor. Als Exempel mag dafür der 1797 errichtete Vierröhrenbrunnen beim Kirchberger Rathaus stehen mit kanneliertem Säulenstumpf und bekrönender Vase, liebenswürdig verzopft wie das ganze Residenzstädtchen selbst.

Klassizistischer Brunnen in Kirchberg und Brunneninschrift in Forchtenberg 1744.

Wasserspiele der Gegenwart

Gegenüberliegende Seite: Gunther Stillings Brunnenritter Götz von Berlichingen in Jagsthausen.

Wenn im Hohenlohischen der künstlerisch inspirierte Brunnen in den letzten Jahrzehnten so etwas wie eine Renaissance erlebt hat, dann ist dies vor allem das Verdienst des Bildhauers Hermann Koziol. 1926 in Oberschlesien geboren, in den letzten Kriegswochen schwer verwundet, kam er hierher und begann seine Ausbildung in einem Steinbruch bei Neuenstein. Dort richtete er 1960 auch für ein Jahrzehnt eine Bronzegießerei ein. An die drei Dutzend Brunnen hat er zwischen Vorbach und Ohrn geschaffen.

In Niederstetten, Ort eines bedeutenden Jungschweinemarkts, handeln zwei Bauern um ein Ferkel. In Öhringen gießt der Hamballe unterm tropfenden Regenschirm das Brunnenbecken. In Waldenburg, im April 1945 im Häuserkampf und unmittelbar danach zu neun Zehnteln zerstört, steigt der Phönix dramatisch aus der Asche. In Oberrot hat Koziol überm verdolten Fronbach dem hungrigen Fischdieb, in Mainhardt dem Glasbläser, in Wallhausen dem Dorfbüttel ein Denkmal gesetzt. Der Brunnen im Neuensteiner Stadtgarten versinnbildlicht die Gemeindereform der siebziger Jahre. Vor dem Stadttor Neuenstadts an der Linde hat der Künstler aus einem 14 Tonnen schweren Rohling Szenen der Stadthistorie ins wasserübersprühte Relief gehauen. Am Schenkenbrunnen in Michelbach an der Bilz bewegt besonders der Minnesänger Konrad Schenk von Limpurg mit seiner Dame.

Dem Stimpfacher Dorfbrunnen hat der Hohenloher Herbert Schüßler auf einer verregneten Wanderung eine einfühlsame Skizze gewidmet:»Darauf sitzt, barfuß mit aufgekrempelten Hosen und Hemdärmeln, ein bronzener, typischer Dorfbub, der den Wasserstrahl über seine Handfläche spritzen lässt. Nicht einmal das jetzt von Nase und Kinn tropfende Regenwasser lässt sein Lausbubengesicht unglücklich erscheinen. Mit leiser Wehmut im Herzen, an die eigene Jugend denkend, die schon so weit zurückliegt, nehmen wir unseren Weg wieder auf.«

Fritz Melis schuf beim Wiederaufbau der kurz vor Kriegsende erbittert umkämpften und ruinierten Stadt Crailsheim den Marktbrunnen. Der Konditormeister und Stadtbeschreiber Wilhelm Frank hat die beiden aus Muschelkalk gehauenen batschenden Weiber als die boshaft Dünne und die gedankenlos Dicke charakterisiert.

Hermann Koziol schuf in Mainhardt die traditionsreiche Figur des Glasbläsers.

Beschließen wir unseren Gang zu den Brunnen in Jagsthausen. Gunther Stilling hat da in rostbrauner Patina einen Götz von Berlichingen eher armiert als porträtiert, als wolle er einen Eintrag Bismarcks ins Stammbuch der Eisernen Hand illustrieren. 1891, ein Jahr nach seiner Entlassung aus dem Reichskanzleramt, schrieb der Begründer des neuen Kaiserreiches, in schwerer Sorge um Deutschland und seinen jungen Kaiser Wilhelm II., den staatsmännischen Aphorismus: »Patte de fer et gant de velours. Götz hatte das Eisen, wir haben den Sammet.«

Nachrufe

achrufe sind fällig. Für einen Mittsiebziger ein vertrautes Geschäft. Die Familien wollen eine Rede am offenen Grab, für den Wanderkameraden oder den Geschichtslehrer am Gymnasium; Erinnerungen für verdiente Zeitgenossen im Vereinsblatt, im Journal werden angefordert oder Beiträge in der Festschrift für einen betagten Jubilar, die dann oft genug zum Nekrolog werden.

Hier geht es um Nachrufe auf Elemente der Kulturlandschaft, wie wir Älteren sie noch erlebt haben und sie unseren Kindern oder Enkeln kaum mehr vermitteln können. Wo gibt es, nur um dies eine Beispiel herauszugreifen, noch die biologisch intakten Flüsse mit ihrer Wasserfauna, Wasserflora, die der Bubenphantasie Zündstoff geben, Flüsse, die sich mit ihrer Erlebnisfülle nicht nur als Lebewesen, sondern als eine Lebensmacht, als das Wunderbare der Erinnerung einkerben? Die Jugend heute weiß gar nicht mehr, um was wir sie gebracht haben.

Der Hohlweg

Als wir in das letzte Haus am Flürle einzogen, schattete gleich nebenan ein Hohlweg. Mannshoch eingeschnitten zog er zwischen Haus und Ackerschild aufwärts, bog dann, abflachend, in ein Seitentälchen ein und erklomm schließlich, immer steiler, immer tiefer eine am Waldrand gelegene Wegspinne. Der Stadtarchivar, der eines Abends bei uns auf dem Balkon saß, erzählte bei flackerndem Windlicht und Nachtigallenschlag, unser Hohlweg im Flürle sei Teilstück eines uralten Fernweges, der einst auf die Hohe Straße, auf die Wasserscheide von Main und Neckar

Licht und Schatten, Erde und Laub modellieren in der Lage Altenberg einen Hohlweg.

geführt habe. Daran erinnere noch der sandsteinrote Bildstock mit der Ölbergszene kurz vor dem Aufstieg waldwärts.

Fuhrwerke hatten dem Lösslehm jahrhundertelang ihre Spur eingeschnitten. Generationen von Bauern waren durch die Hohle zu ihren Äckern, Wiesen, Obststücken und Weinbergen gefahren und gegangen. Pilger, Handwerksburschen, Kaufleute und fahrendes Volk hatten über sie die Hohe Straße erreicht. Immer tiefer senkte sich der Weg ein. Im Wurzelbereich der Büsche und Bäume schilferte das Erdreich ab, und der winterliche Frost half nach. Regengüsse schwemmten die Erde abwärts.

So entstand eine schattigkühle hohle Gasse. Holunder und Feldahorn, Weißdorn, Pfaffenhütchen, Schlehe, Heckenrose und Liguster, die aus der Getreideflur vertriebene Berberitze, ja sogar ein paar hagere Zwetschgenbäumchen und Vogelkirschen neigten sich über den Hohlweg, filterten grün das Licht. Dazwischen rankte die Zaunrübe, schwang sich die Waldrebe, das Hagseil, wie es hier heißt. Im Herbst stockte die laubfeuchte Witterung als Hefegeruch, im Juni glommen abends phosphoreszierend die Glühwürmchen, geisterhaft.

Dann zog man einige Jahre später am Ausgang des Seitentälchens eine neue Siedlung hoch, mit Dächern, schwarz wie ein Sarglager. Zwei Häuserzeilen schoben sich bis an den Knick der Hohlgasse vor. Deren Sohle wurde nun mit grauem Splitt befestigt und erhöht – oder erniedrigt, wie man's ansehen will. Dann wurden Rohrleitungen verlegt, Laternenmasten aufgestellt. Und jedes Mal erhielt der Weg eine neue Ladung Sand und Splitt, zum Schluss sogar eine Asphaltdecke. Zwar hatte man das Landsträßchen zur Siedlung großzügig ausgebaut und die Obstbäume links und rechts gefällt. Aber jetzt benutzten die Autofahrer immer häufiger die Parallele der einstigen Hohle. Sie ersparten so vielleicht zwei, drei Minuten zu ihrem Reihenhaus. Die mageren Rebstücke am Hang des Seitentälchens waren längst ausgestockt oder verwildert. Die ungemähten Hangwiesen verfilzten, nachdem es im Städtchen kaum mehr Viehhalter unter den Bauern gab. Waldwärts wuchs der Hohlweg allmählich zu. So oder ähnlich ist es vielen heimlichen Hohlen ergangen.

Die Klingen, die ungestüm eingekerbten, meist längst trockengefallenen Miniaturtälchen, wurden von den Schmelzwässern der Nacheiszeit gebildet. Die Hohlen hat der Mensch geschaffen. Als sich der Verkehr auf die neuen Chausseen verlagerte, ein Netz befestigter Feldwege die flurbereinigte Gemarkung erschloss, entlegene Weinberge aufgegeben wurden, das arrondierte Rebgelände wahre Traktorenstraßen erhielt, waren die oft mühsam steilen Hohlwege obsolet geworden. Was nicht mehr gebraucht wurde in der Flur, das verschwand, wurde ausgeräumt, plattgemacht, ausradiert. Die Hohlen hat man meist zu Abfallgruben für Bauschutt und Gerümpel degradiert. Bestenfalls starrte jetzt ein Schwarzdorndickicht, wo einmal die letzten Fuhrwerke und die ersten Traktoren gerumpelt waren.

Mit dem Verschwinden der heckengesäumten Hohlwege verarmte unsere Kulturlandschaft. Dank ihres Wechsels schattigfeuchter und sonnigtrockener Partien bildeten sie für Strauch und Kraut und Getier so etwas wie eine grüne Arche. Da, wo diese Wege, verwachsen, verlassen noch ein Schattendasein führen, sollte man sie wenigstens als Wanderpfad freihalten und erhalten. Denn die vom Menschen geformte Hohle ist auch ein Denkmal der historischen Landschaft, manche sogar ein Wegstück aus prähistorischer Zeit, älter als der Limes.

Das Froschbächle

Wir lernten einander 1948 in der Klasse 1c des Gymnasiums kennen. Christoph war der Sohn des Pfarrers H. im Dorf N. Was uns rasch einte, war die Liebe zu Pflanze, Tier und Stein. Das Pfarrhaus in nüchtern noblem Markgrafenstil stand unmittelbar neben der Dorfkirche. Ein Birnbaum schattete am Tor. In dem weich geschwungenen Baumgarten, der zum Pfarrhaus gehörte, entsprang eine Quelle, überwölbt von einem grottenartigen Steingehäuse, und rann zur Wachbach. Für einen Buben wie mich, aufgewachsen in einem fast bücherlosen Haushalt, wurde die geistig helle Atmosphäre dieses Hauses zur Offenbarung.

Mit drei bis vier Zentimeter Länge wird der Gelbrandkäfer selbst Molchen gefährlich.

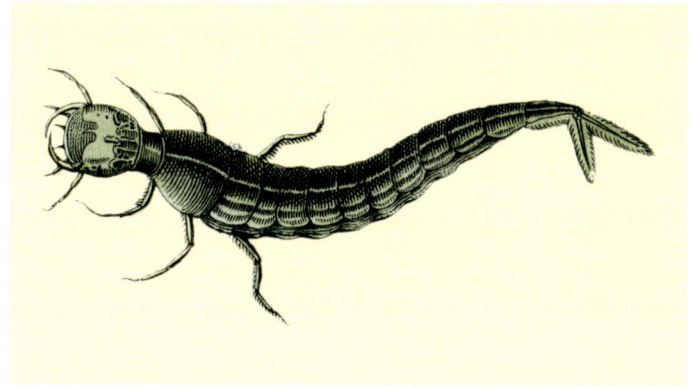

Eines Tages eröffnete Christoph, nach Rücksprache mit dem Vater, wie er betonte: Zur Besiegelung unserer Freundschaft wolle er mir das von der Familie entdeckte Froschbächle weit draußen in der Wiesenaue zeigen. Wir trabten los. Ein Fahrrad besaß damals keiner von uns. Nach einer knappen Stunde bogen wir von der staubigen Landstraße ab. Ein Wassergraben, vielleicht einmal abgezweigt für die Wiesenbewässerung, blinkte, anfangs von dicht flutender Brunnenkresse angefüllt.

Dann kam eine Stelle, an der wir ungehindert bis auf den armtiefen Grund schauen konnten. Schwärzlich punktierte grüne Wasserfrösche plumpsten in den Graben. Auf dem rasch wieder beruhigten Spiegel zickzackten Wasserläufer wie auf Schlittschuhen dahin. Respekt hatten wir vor den grünlichgrauen Schwimmwanzen, die rücklings auf dem Wasser trieben. Weil sie stechen konnten, nannten wir sie Wasserbienen.

In dem Graben wimmelte es von Kaulquappen und Larven aller möglichen Wassertiere. Nach und nach entdeckten wir auch ein Dutzend brauner Teichmolche. Ab und zu schwänzelten sie hoch, um Luft zu schöpfen, dann schwebten sie wieder abwärts. Eine dickköpfige graubräunlich gepanzerte Larve hing mit ihrem Hinterleibende an der Wasseroberfläche, um Luft zu tanken. Als sie aus dieser Position blitzschnell nach einer Kaulquappe schnappte und dann, die Beute in den sichelförmigen Fresszangen, auf den Grund sank, war uns klar, dass wir eine Larve des Gelbrandkäfers vor uns hatten.

Nicht an diesem ersten Tag, aber wenig später sahen wir den Käfer selbst. Auch er hing kopfüber an der Wasserhaut, um Luft unter die Flügeldecken zu bekommen. Unverkennbar war dieser

Nachrufe | **47**

Räuber mit seinen hellorangenen Streifen, die den olivfarbenen flachgewölbten Rücken säumten und den Kopfschild schmückten. Und dann schoss er wie ein Torpedo los und hängte sich an einen der größeren Molche. Der wehrte sich anfangs heftig, dann rasch merklich schwächer; die Kiefernsäbel des Gelbrand-Piraten arbeiteten wie Schneidbrenner in dem weichen Molchfleisch.

Uns, die wir längslang ausgestreckt am Ufer lagen und gebannt schauten, wurde bewusst, dass es da unten im grünlich subaquatischen Licht ein lautloses Gemetzel gab. Ein Unterwasserfilm lief vor unseren Augen ab, Zeugung und Geburt, Jagd und Kampf, Fressen und Gefressenwerden. Die sanftbraunen Molche taten uns leid. Und so rückten wir eines Tages, jeder mit zwei größeren ausgedienten Blechdosen versehen, an, um wenigstens ein paar der Lurche zu retten. In der Quellstube des Pfarrgartens ließen wir sie frei.

Zwei Jahre später wurde der Pfarrer H. versetzt. Freund Christoph entschwand ins Schwäbische. Meine Kompassnadel spielte bald in andere Richtungen, an den Fluss, ins Schüpfer Loch, zum Petrefaktensteinbruch, auf die Wacholderheiden. Ein gutes halbes Jahrhundert später kam ich mit einem befreundeten Ehepaar zufällig durch das Seitental mit dem Froschbächle gefahren. Auf einmal hatte ich die Unterwasserszenen unserer Kindheit wieder vor Augen. Wie sah's da jetzt wohl aus? Der Fahrer und seine Frau werden hinterher wohl den Kopf geschüttelt haben, als ich sie bat, mich auf offener Landstraße rauszulassen; die restliche Strecke in die Stadt wolle ich laufen.

Scheinbar unverändert lag das Wiesentälchen in nachmittäglichem Sommerglanz. Ich peilte erst den Bach und dann einen gleichlaufenden Wassergraben an. Ja, dort musste es gewesen sein. Ich ging den Wasserlauf aufwärts – modriges Grünzeug, verdächtige Rohrmündungen von der Straßenseite her und im fahlen Wasserlicht keine Kaulquappe, keine Tellerschnecke, keine Schwimmwanze, kein Wasserskorpion, kein Molch, kein Käfer, kein Froschplumps. Nicht einmal Wasserläufer zuckten. Nur eine Libelle knisterte in der heißen Luft und stob davon.

Trotz allen Gemetzels war dieser unscheinbare Wiesengraben generationenlang von wimmelndem, kribbelndem, vielfarbenem Leben erfüllt, Kinderstube, Spielplatz, Weide, Wildbahn und Hochzeitssaal einer artenreichen, scheinbar unerschöpflichen Wasserfauna gewesen. Jetzt stand ich vor einer verödeten, trüben Bakteriensuppe. Ich ging. Ein Nachruf war fällig.

Weinbergmäuerle

Stadtmauern und Burgmauern, Zeugen bürgerlicher Selbstbehauptung wie adeligen Selbstbewusstseins, werden aufwendig gehegt und gepflegt und in Prospekten als kulturelles Erbe präsentiert. Es waren Bollwerke, Bunker des Mittelalters. Viel Blut ist über sie geflossen.

Aber es gibt auch andere Mauern, unauffälliger, meist bescheiden hingeduckt, Mauern des Friedens, die nur den Regen und den Schweiß der Arbeit tranken, die Weinbergmäuerle. Um sie kümmert sich schon lange nur noch der Naturschutzbeauftragte, wenn wieder eine Umlegung im kleinparzellierten Rebgelände ansteht. Das in Jahrhunderten gewachsene Netzwerk der Mauern, Stäffele und Terrassen stand größerem Maschineneinsatz einfach zu sperrig im Wege. Nur in halsbrecherisch steilen Paradelagen oder in Rückzugsgebieten der Rebkultur haben sie ein Reservat gefunden.

Weinberg-lauch sprießt aus dem ritzenreichen Gebrock der Trockenmauer.

Es sind durchwegs Trockenmauern, kniehoch, brusthoch, mannshoch, ohne Mörtel so locker wie geschickt verfugt. Der Weinbergmann hat sie meist selbst aufgeführt, aus den Steinbrocken, die beim Roden und Rigolen der Rebstücke anfielen. Transporte aus dem Steinbruch wären zu teuer gewesen. Aber manchmal hat ein Steinmetz die Brocken auch grobkantig zurechtgeschlagen, etwa für die Trittsteine der Stäffele oder exponierte Mauerecken.

Schmucklos sind diese Mäuerchen geraten, rauchgrau im Muschelkalk, fleischfarben im Buntsandstein, schilffarben, grünlichbraun im Bereich des Keupers. Später hat man beim Flicken und Erneuern auch auf den ersten Blick fremdartig geformte Werksteine eingesetzt, Türstürze und Bruchstücke von Fenstergewänden abgebrochener Häuser oder gar den massiven Sockel eines gestürzten Bildstocks.

Seltener tauchen Steine auf, die der Weinbergbesitzer selbst voller Stolz in Auftrag gegeben hat. Sie vermerken als Besitzersteine das Baujahr des vollendeten Mauerwerks, sie tragen die Initialen, manchmal sogar den Namen des Weinherren. Noch rarer bleiben Berufsembleme auf den Bildsteinen – der gekreuzte Karst oder das sichelig gekrümmte Rebmesser, die Hippe oder Heppe. An die frühere Personalunion von Handwerker, Wirt und Weinbergbesitzer erinnern gelegentlich auch Ochsenkopf und Hackbeil, eine Brezel oder das Zeichen der Büttnerzunft. Häufiger finden wir noch halbrund vorspringende durchbohrte Lochsteine; sie hielten die Eichenstangen für die Spalierreben, denn an den wärmespeichernden Mauern konnten auch verwöhntere Rebsorten gezogen werden. Ein rechter Wengerter, so hieß es, herbste an der Mauer seinen eigenen Wein.

In den Steillagen stabilisierten die Weinbergmäuerle den Hangdruck, bewahrten die kostbare Krume vor dem Abschwemmen und schufen wie der Steinriegel ein günstiges Kleinklima für die Rebe. Jede dieser Trockenmauern, mörtellos oft unmittelbar dem Muttergestein der Landschaft aufgesetzt, bildete eine Felspartie für sich. In ihren Ritzen nisteten Steinschmätzer und Rotschwänzchen, hausten Zauneidechse, Mauereidechse und Mörtelbiene. Hier fand auch die bis heute als Kreuzotter verkannte und verfolgte Schlingnatter ein Refugium.

Das goldhelle Frühlingsfingerkraut und die Polster des Mauerpfeffers, der würzige Quendel oder Feldthymian, das Filigran der Mauerraute, Färberkamille, Natternkopf und Dost, Schrift-

farn und blassviolettes Zymbelkraut sind Stichworte für die fast schon mediterran getönte Mauerflora, immer wieder überragt von der Königskerze, dem Himmelbrand des Würzbüschels, der an Mariä Himmelfahrt, genauer: dem Fest der Aufnahme Mariens in den Himmel, bis heute in den Kirchen geweiht wird.

Ein paar eigene Verse sind den Weinbergmäuerle als Memento gewidmet:

Hier hat sich / der gemeine Mann seine / Denkmäler aufgerichtet, / namenlos, / Steine, gequadert, / roh vom Leibe der Landschaft, / Bollwerke des Friedens, / der Mühe, ungefüg, / Trittstein und Stäffele; / selten ein Initial, / gehauen am Aufgang, / oder ein Bildstein, / Karst, Heppe und Glas. / Kein Blut tränkte die Mauern, / nur Regen und Schweiß. / So blieb keine Tafel des Ruhms. / Wer liest schon die / Texte der Flechten?

Nach starkem Regen kann das Mauerwerk nachgeben, wie hier in Ingelfingen.

Träubelesbilder

ohl die anmutigsten Weindenkmäler Frankens stellen die Traubenstöcke oder Träubelesbilder dar. Bei diesem vollmundigen Fünfsilber wird der runde oder korkzieherartig gewundene Schaft eines Bildstocks von einer reliefartig herausgehauenen Rebe mit Blattwerk und Trauben umschlungen. Gehäuft finden sich die Träubelesbilder im Madonnenländle, im Tauberfränkischen, sowie in den ehemals katholischen Territorien Hohenlohes. Sie geben dem historischen Weingelände und der Sakrallandschaft die Signatur. Sie stehen am Fuß der Rebhügel, in die Mauer des Weinbergs eingelassen, an Häusern und Brücken, an der Landstraße, inzwischen sogar neben einem prosaischen Kartoffelacker. Oft wurden sie nach einem frommen Gelübde aufgerichtet, immer aber waren sie ein vielstrophiges steinernes Gebet fürs Gedeihen des Weinstocks.

Träubeles-bild des mittelfränki-schen Typs, Zeichnung von Conrad Scherzer.

Dass sie ursprünglich bemalt waren, verraten manchmal noch Pigmente der farbigen Fassung. Von dem weiß bemalten, teilweise vergoldeten Schaft hob sich das grüne Rankenwerk und dekorative Geblatt samt den blaubärtigen Trauben wirkungsvoll ab. Als beispielsweise der Weinhändler Johann Simon Abendantz mit seiner Frau Maria Rosina aus der Weinhändlerdynastie der Buchler in Gerlachsheim anno 1791 Goldene Hochzeit feierte, ließ er, wie's in seinem Nachruf heißt, alle Bildstöcke in der Gegend, also am mittleren Tauberlauf, auf eigene Kosten neu anmalen.

Der Rokoko-Urban ist verschwunden

Eines der schönsten Träubelesbilder ragte zwischen Altkrautheim und Unterginsbach, ein prachtvoll gehauener Rokoko-Bildstock von 1766, bis in die Gegenwart immer wieder farbig frisch gefasst. Der viereckige Schaft zeigte eine Rebe am Weinbergpfahl; darüber erschien auf der gebauchten Bildtafel St. Urban, umringt von den vier Evangelisten, zu Häupten die Heilige Dreifaltigkeit. Nach dem Tod des Besitzers verschwand das Denkmal spurlos, höchstwahrscheinlich haben es die Erben verkauft. So steht es heute bestenfalls in irgendeinem Privatgarten.

Die Herren von Hohenlohe hatten im Mittelalter Besitz bis Tauberbischofsheim. In Unterbalbach finden wir an der Straße nach Oberbalbach, mindestens einmal schon versetzt, an einer Hauswand eine hohe schlanke Geißelsäule. Der Schaft mit seinem Rebenrelief ist leider egalisierend weiß bemalt. Bekrönt wird er von der Skulptur des Heilands an der Geißelsäule. Der etwas zu tief eingelassene Inschriftsockel lässt nur noch die Jahreszahl 171… erkennen. Der um die Inventarisierung barocker Denkmäler verdiente Karl Kolb hat noch 1711 gelesen und diese Geißelsäule als den frühesten Traubenstock der Region bezeichnet.

In der Mergentheimer Oberamtsbeschreibung von 1880 heißt es: »Am Schorren-Weinberg ist der Sockel eines Bildstocks eingemauert, mit folgender Inschrift: Gott und Seiner Lieben Mutter zu Ehren haben Johann Mussinger Alhie und Maria Corona seine Eheliche Hausfraw diesen Bildstokk Machen lassen. Anno 1676. – Die mit Weinreben umwundene Säule und der oberste Theil, mit Kreuzabnahme befinden sich zerstreut in demselben Weinberg.« Das aus weißrot geflammtem Sandstein gehauene, teilweise noch farbig gefasste Denkmal mit bürger-

Der Mergentheimer Mussinger-Stock von 1676 ist wohl das älteste Träubelesbild.

lichem Doppelwappen wurde vom Bezirksheimatmuseum geborgen und ragt heute, wieder zusammengestückt, dreieinhalb Meter hoch im Deutschorden-Museum. 1676 – damit wäre dies der bisher älteste Traubenstock weit und breit.

Kinder des goldenen Weinbarock

In den Raubkriegen des französischen Königs Ludwig XIV. litten die Kurpfalz, Vorderösterreich, Schwaben, Mittelrhein und Mosel schwer. Und mit der Annexion des Elsass, dem Weinkeller des alten Reiches, wurde diese Landschaft von ihren traditionellen Absatzgebieten abgeschnitten. Davon profitierte das dem oberrheinischen Kriegstheater entrückte Hinterland, vor allem Franken. Zahlreiche Weinhändlerfamilien aus dem Tauberland verlegten im frühen 18. Jahrhundert ihren Hauptsitz in die Reichsstadt Frankfurt am Main. Den Vorreiter hatte 1692 schon der aus Archshofen gebürtige Pfarrerssohn Georg Vinzenz Assum gemacht, der es sogar zum Berliner Hoflieferanten brachte.

Die Träubelesbilder sind Zeugen dieses goldenen Weinbarock. An der alten Löffelstelzer Steige steht ein aus Buntsandstein gehauenes Träubelesbild. Im Sockel erscheint das Zunftzeichen der Brezel, flankiert von zwei Löwen, darüber eine Krone. Die Inschrift finden wir auf der Rückseite, errichtet von »Johann [...] ecker / Beck und Burger zu Mergentheim« mit der Jahreszahl 1716, also einer einträglichen Allianz von Backstube und Weinstube entsprossen. Im Mergentheimer Kurpark, unter Bäumen von Verwitterung bedroht, steht auf massivem, rebengeschmücktem Sandsteinsockel ein Kreuzträger, 1725 von dem Apotheker Rhodius und seiner Frau gestiftet. Die Inschrift beginnt: »ACH SÜNTER WEIN UND SCHAW NUR AN«, wobei ich als Bub beim Buchstabieren zuerst an den Wein als Sünder dachte.

Aus dem Jahr 1769 stammt ein barock bewegtes Träubelesbild an der Bundesstraße 19 bei Simmringen, kurz vor der Landesgrenze zu Unterfranken. Auf der lösslehmschweren Gäuebene strotzen unmittelbar hinter dem Bildstock inzwischen nur noch sattgrüne Rübenschöpfe. Ein origineller Bildstock aus Muschelkalk, 1750 datiert, ragt an der alten Neubronner Straße über Laudenbach. Hier wächst am Vierkantschaft der Weinstock aus einer Vase.

Tradition und Gefährdung

Die Tradition der Träubelesbilder hat der Bildhauer Winfried Hoffmann in Bad Mergentheim wiederaufleben lassen. Traube und Ähre vereint sein 1993 aufgerichteter Bildstock an der Trillberghalde gegenüber dem Haus Nr. 20. Zwei Jahre später schuf er aus Krensheimer Muschelkalk den Heilig-Blut-Bildstock an der Trillbergsteige, dem Wallfahrtsweg der Mergentheimer nach Walldürn. 1679 wird die Wallfahrt der Mergentheimer zum Heiligen Blut als »schon lang im Schwange« genannt. Stilisierte Reben umranken den Schaft. Die achteckige Bildtafel zeigt vorne den umgestürzten Kelch mit dem schon geweihten Wein der Eucharistie, dessen Flecken dann das legendäre Antlitz Jesu formten. Auf der Rückseite verknüpft der Wallfahrtsweg das Mergentheimer Münster mit der barocken Wallfahrtsbasilika, dem alljährlichen Wanderziel der Pilger.

In oft prallem Relief, meist aus zartfleischigem rotem Buntsandstein gehauen, werden diese Denkmäler der Weinkultur von Laub und Traube umschlungen. Manchmal hat der Steinmetz die Gleichnisfrucht der Passion auch unbekümmert ums Gesetz der Schwerkraft aufwärts wachsen lassen. Naiv? Vielleicht. Der Wein stellt die Welt schon manchmal auf den Kopf. Vielleicht sieht man sie dann erst richtig.

Am Mergentheimer Pilgerweg nach Walldürn steht seit 1995 dieser Traubenstock.

Bildstockräuber, oft in gezieltem Auftrag unterwegs, haben in den letzten Jahrzehnten auch diese anmutigen Flurdenkmale heimgesucht. Darauf spielt mein Gedicht »Träubelesbild« an:

»Steinerner Schaft / im Rot der Passion. / Auf der Wetterseite / ergrünen die Sandsteintrauben. / Zerfressen die Inschrift, / Hieroglyphe der Hoffnung. / Die Nische hütet / das Vesperbild. / Gestern fand ich sie / geplündert.«

Träubelesbilder

Bocksprünge
um den Bocksbeutel

tämmig und selbstbewusst steht der Bocksbeutel auf dem Tisch. Er narrt alle Wortweisheit, die den Bocks-Beutel nicht beim Wort nehmen will, die den Bugs-Beutel, die Feldflasche am Buggurt, oder den niederdeutschen Bookes-Beutel, einen Sack fürs Gebetsbuch, als Namenspatrone bemüht. Schockierend die noch immer gebrauchte Bezeichnung Boxbeutel! Hammelhoden nannten die fränkischen Winzer die Trollingertraube, als sie noch an Main und Tauber reifte; Bocksbeutel heißt bis heute eine von Franken in die Pfalz eingewanderte Rebsorte. Wer will uns da noch ein prüdes X für ein ehrliches Bocks-ck vormachen? Der Hodensack des Bockes, capri sacculus, hat diesem Flaschenoriginal Form und Namen gegeben.

Auch die gläserne Genealogie erscheint recht durchsichtig. Der Bocksbeutel stellt eine zum Setzen in Flaschenstapeln plattgedrückte Bouteille dar, eine Bezeichnung für die Weinflasche, die bis ins erste Drittel des 19.Jahrhunderts gebräuchlich blieb. Eine formale Norm kannte die Bouteille nicht. 1747 heißt es im Zeidlerschen Universallexikon:»Von Bouteillen hat man große, mittlere und kleine, platte, längliche, runde, gedrückte, eckigte, unterwärts wenig oder auch tief eingebogene ...«

Das Mittelalter kannte zwar gläserne Trinkgefäße, aber kaum Weinflaschen. Glas war vor der industriellen Produktion einfach zu teuer. Der Wein ruhte im Fass; in Zinnkannen oder Tonkrügen wurde er aus dem Keller geholt. In wohlhabenden Haushalten tauchte dann ab dem 16. Jahrhundert die Bouteille auf. Als Lagergefäß ließ sich später die plattgedrückte Bouteille leichter stapeln, noch besser die langgezogene. Plisch, unsere heutige Schlegelflasche, und Plum, der Bocksbeutel, haben also *eine* Mutter, eben die launische Bouteille. Aber warum hat sich in Franken der Bocksbeutel als provinzielles Flaschenoriginal gehalten? Dazu werden immer wieder zwei Kronzeugen zitiert.

Das Gütesiegel entschied

Der Archivar Sebastian Göbl hat 1899 die sogenannte Geburtsurkunde des Bocksbeutels aus dem Würzburger Bürgerspital vorgestellt. Betrügerische Händler und Wirte hätten unter der Marke des berühmten Steinweines geringere Weine in Umlauf gebracht. Deshalb habe der Stadtrat die Flaschen der 1718er Steinweine des Bürgerspitals zum Zeichen der Echtheit mit dem Stadtsiegel versehen. Wenige Jahre später hat Josef Balduin Kittel, Syndikus der Handelskammer Unterfranken, den Bocksbeutel als fränkisches Flaschenoriginal gedeutet: Während andere Weinbaugebiete zur Schlegelflasche übergegangen seien, habe man im konservativen Franken an der abgeplatteten Bouteillenform festgehalten.

Der Jubiläums-Bocksbeutel des Bürgerspitals, braunglasiges Litermaß, gesiegelt.

Bocksprünge um den Bocksbeutel

Was sofort auffällt – ursprünglich war nicht die auch anderwärts gebräuchliche Flaschenform, sondern das Gütezeichen der mit dem Stadtsiegel verpetschierten bürgerspitälischen Steinweine entscheidend, also die Qualitätsgarantie. Kittel weiter:»Schließlich wurde der Bocksbeutel überhaupt zu einer fränkischen Eigenart.« Das hat eine gehörige Weile gedauert. 1839 noch führt der Weingelehrte Johann Philipp Bronner nur den versiegelten Steinwein des Bürgerspitals als Bocksbeutel auf. Erst um die Mitte des 19. Jahrhunderts füllten auch andere Besitzer der Nobellage Stein auf Bocksbeutel. Die Würzburger Hofkellerei folgte erst 1861. Wenig später ist dann schon von anderen feinen Frankenweinen auf Bocksbeutel die Rede.

Das korrigiert Kittels These von der altfränkischen Bocksbeutel-Gesinnung. Aus wirtschaftlichem Interesse griffen Weingüter und Weinhändler zu der abgeplatteten Bouteille als Signum eines Spitzengewächses. 1903 klagten Würzburger Weinhändler, dass andere fränkische Kollegen sich anmaßten, Wein, der nicht auf Würzburger Gemarkung gewachsen sei, auf Bocksbeutel abzufüllen. Der Erste Weltkrieg brachte das Ende des traditionell braunen Ein-Liter-Bocksbeutels, da der Braunstein, der als Zusatz zum Glas notwendig war, immer knapper geworden war.

Bocksbeutelpiraten und Reichsnährstand

Seit 1900 hatte sich Mainfranken gegen mehr oder minder plumpe Bocksbeutel-Imitationen zu wehren. Australien, Kalifornien, Südafrika, Tirol und Ungarn kreuzten mit Gewächsen unter der Piratenflagge des Bocksbeutels auf. 1922 wollte das bayrische Handelsministerium schärfer gegen den Vertrieb außerfränkischer Weine in der privilegierten Flaschenform vorgehen.

Dagegen erhob sich unerwartet Einspruch aus dem Badischen. Seit langem werde der Mauerwein des Schlossguts Neuweier in der Ortenau, der beste Riesling, auf Bocksbeutel abgefüllt. Die Franken gingen der Sache nach und fanden wahrhaftig ein Gewohnheitsrecht des auch am Main begüterten Freiherrn von Knebel von Katzenelnbogen und seiner Rechtsnachfolger. Diese Bocksbeutel-Exklave wurde nach dem letzten Krieg legal

um die benachbarten Winzergenossenschaften Neuweier, Varnhalt, Steinbach und Umweg erweitert, nachdem auch die Neuweirer Winzer seit 1923 unangefochten ihre besseren Gewächse auf das Flaschenoriginal abgefüllt hatten.

Der Reichsnährstand hat laut »reichsbehördlicher Anordnung« darüber hinaus 1935 und 1937 auch dem Bereich Badisches Frankenland den Bocksbeutel zugesprochen. So kam das Kuriosum zustande, dass der bayrische Oberlauf der Tauber und der badische Unterlauf zum privilegierten Bocksbeutel-Club gehörten, nicht aber das württembergische Mittelstück zwischen Weikersheim und Bad Mergentheim. Die Weingärtner an Tauber und Vorbach haben damals anscheinend geschlafen.

Bocksprünge um den Bocksbeutel

Der Kampf der Markelsheimer

Erst seit den fünfziger Jahren bemühte sich die 1898 gegründete Weingärtnergenossenschaft Markelsheim um den Bocksbeutel, blitzte aber mit »mehrfachen Belehrungen« seitens der mainfränkischen Weinwirtschaft ab. Dabei hatten die Markelsheimer keine schlechten Karten im Spiel. Das Würzburger Stift Neumünster besaß hier seit dem späten elften Jahrhundert ausgedehnten Rebbesitz. Der geistliche Fronhof, in dem der tauberfränkische Herbst rund um das Weindorf gekeltert wurde, wurde erst mit der Säkularisierung 1802 aufgehoben. Die Markelsheimer Lage Propstberg erinnert daran. Dem mainfränkischen Bistumsheiligen St. Kilian ist hier seit alters die Pfarrkirche geweiht, mit St. Urban steht er überlebensgroß seit 1898 auf der Tauberbrücke. Zum Winzerschutzherrn hat ihn freilich erst Joseph Victor von Scheffel in seinem »Frankenlied« kreiert.

Bei der Probe zum Weinfest 1966 wagten die Markelsheimer den Paukenschlag und stellten 7000 auf Bocksbeutel abgefüllte Weine vor, eine Silvaner Spätlese und eine Müller-Thurgau Auslese, jeweils vom Jahrgang 1964. Eine Lokalzeitung titelte am 2. Juni wenig hilfreich: »Markelsheimer Spitzenwein endlich im

Der umstrittene Markelsheimer Bocksbeutel, eine 64er Müller-Thurgau Auslese.

Boxbeutel.« Am 7. Juni traf beim Landgericht Ellwangen der Antrag auf einstweilige Verfügung aus Würzburg ein, Tenor:»sittenwidrig« und»irreführende Aufmachung«. Kläger waren der Fränkische Weinbauverband und die Gebietsweinwerbung Frankenland-Frankenwein. Da waren die meisten der Bocksbeutel schon verkauft. Ellwangen gab dem Antrag statt, betonte freilich, die Lage sei schwierig, da»keine obergerichtliche Entscheidung zum Problem bekannt«. Markelsheim ging vors Oberlandesgericht Stuttgart, wurde abschlägig beschieden; der Kostenfestsetzungsbeschluss, so hieß das nun mal, lautete auf 941,60 DM. Zudem erhob die Gerichtskasse Ellwangen 116,10 DM.

Den Besitzstand festgeschrieben

Nachdem zusätzlich ein Bocksbeutel-Prozess am Oberrhein drohte, kamen Würzburg und Markelsheim überein, die Sache zurückzustellen, bis dieser Prozess entschieden sei. Eine Weinkellerei in Bühl in der Ortenau besaß das Weingut Alsenhof bei Lauf und argumentierte mit dessen Nähe, achteinhalb Kilometer Luftlinie, zu Neuweier, um seinen Riesling»auf der Mauer« ebenfalls auf den umsatzfördernden Bocksbeutel abzufüllen. Landgericht wie Oberlandesgericht Karlsruhe segneten diese willkürliche Praxis 1968/69 ab. Würzburg ging in Revision beim Bundesgerichtshof. Dieser entschied im März 1971 für die Franken.

Der als Weinbürgermeister apostrophierte Erich Riehle drängte nun auf eine einvernehmliche Lösung für das tauberfränkische Markelsheim. Erst entgegnete ihm Würzburg, man werde auf die Sache zurückkommen. Und als Riehle schrieb, er stehe wegen seines Zuwartens schon»auf der Abschussliste« der mächtigen Weingärtnergenossenschaft, wimmelte man ihn mit dem Hinweis ab, man wolle erst die schriftliche Urteilsbegründung des Bundesgerichtshofes abwarten. Würzburg spielte auf Zeit, da man sich bis dahin ja nur mündlich abgesprochen hatte.

Die Bundesweinverordnung schrieb nach diesem höchstrichterlichen Urteil noch im gleichen Jahr den geographischen Besitzstand des Bocksbeutels – Franken, Badisches Frankenland und Neuweier mit Umgebung – fest. Würzburg hatte damit gerechnet und konnte sich nun auf die neue Gesetzeslage berufen. Bürgermeister Riehle und seine Markelsheimer sahen sich nach fünf Jahren des Vertröstens verschaukelt, gaben jedoch nicht auf. Im April 1971 boten Riehle und der neue Vorstand der WG ihren Beitritt zum Fränkischen Weinbauverband wie zur Gebietswerbung an und garantierten eine zehnprozentige Übernahme der Kosten für alle künftigen Bocksbeutel-Prozesse.

Würzburg blieb bockbeinig bei seinem Nein und strebte einen europaweiten Markenschutz für den Bocksbeutel an; der sei, so das Bonner Gesundheitsministerium mit Blick auf die traditionelle, sehr ähnliche Cantil-Flasche einer portugiesischen Weinfirma, »politisch nicht machbar«. Erfolglos blieb auch der Vorstoß des Landrats Bruno Rühle, der 1974 für seinen Main-Tauber-Kreis eine einheitliche Bocksbeutelwerbung wollte.

Nicht nur Würzburg, auch die badischen Winzergenossenschaften an der Tauber, Beckstein und Reicholzheim, mauerten. Und das Stuttgarter Landwirtschaftsministerium, geführt von einem Badener, teilte den württembergischen Weingärtnern an Tauber und Vorbach 1978 mit, »daß das Land Bayern nachdrücklich auf seinem durch ein rechtskräftiges höchstrichterliches Urteil erstrittenen Besitzstand beharrt«, und so keinerlei Aussicht für einen Markelsheimer Bocksbeutel bestehe.

Nicht einmal über den bocksbeutelprivilegierten Bereich am ehemals badischen Tauberlauf, der seit 1991 als Tauberfranken firmiert, hat Stuttgart jemals eine Einigung versucht. Der Main-Tauber-Kreis, der von Creglingen bis Wertheim reicht, war mit der Kreisreform dem nordwürttembergischen Regierungsbezirk, das ehemals badische Weindorf Dainbach wie Markelsheim der Großen Kreisstadt Bad Mergentheim zugeschlagen worden. Der Ortsteil Dainbach gehört so zum Bocksbeutel-Club, der Ortsteil Markelsheim nicht!

Sinnvoll, so das Landwirtschaftsministerium, im April 2001, sei nur eine amtliche Regelung nach »vorherigem berufsständischen Einvernehmen«. Das war die Antwort auf das Gutachten, das ich, 13 Blatt umfassend, im März des gleichen Jahres der Weingärtnergenossenschaft Markelsheim geliefert hatte, und das ich nun bei der Arbeit für dieses Buch in deren Akten wiederfand. Es ging da um den unbestritten fränkischen Charakter des Weindorfes, um dessen jahrhundertelange enge Beziehung zur Bischofsstadt Würzburg, um das Kuriosum Dainbach, um die willkürliche staatliche Zerstückelung des Tals in napoleonischer Zeit, die nun trotz des gemeinsamen Bundeslandes, Regierungsbezirks und Landkreises von Verbandsgrenzen weiter konserviert werde. »Schließlich fließt die Tauber als Ganzes zum Main.«

Verbandsrecht bricht da Landschaftsrecht, könnte man abschließend sagen. Als Lösung böte sich die Gewährung des Bocksbeutelprivilegs für einen württembergischen Bereich Mittlere Tauber und Vorbach an oder die Ausweitung des eh wieder willkürlich umrissenen Bereichs Tauberfranken auf das württembergische Mittelstück und den bayrischen Oberlauf zwischen Rothenburg und Röttingen zu einem eigenen Anbaugebiet. Nach vorherigem berufsständischen Einvernehmen.

Das Geheimnis des Bocksbeutels

Die jüngste Definition des Bocksbeutels, vom Bundesgesundheitsministerium eigens für den umstrittenen Herkunftsschutz innerhalb der damaligen Europäischen Gemeinschaft erstellt, liest sich so: »eine kurzhalsige, bauchigrunde, etwas abgeflachte Glasflasche mit ellipsoider Standfläche und mit ellipsoidem Querschnitt an der größten Wölbung des Flaschenkörpers, bei denen das Verhältnis von Hauptachse zu Nebenachse des elliptischen Querschnitts annähernd 2:1 und das Verhältnis von Höhe des gewölbten Flaschenkörpers zum zylindrischen Flaschenhals annähernd 2,5:1 beträgt.«

Zu solchen Bocksprüngen um den Bocksbeutel kommt es, wenn's um den Beutel, das Geld, geht. Unabhängig davon steht der Bocksbeutel stämmig und selbstbewusst auf dem Tisch. In seinem kühlen Grunde spielt elfisch grün und betörend das Licht. Vor dem inneren Auge des Zechers tauchen nach ein paar Gläsern Gestalten einer phantastischen Mythologie auf. Satyrn lärmen, die Syrinx tönt. Dann herrscht wieder Stille. Das ist das Geheimnis des Bocksbeutels, dass er wie der bockfüßige Pan den Witzlosen narrt, dem gelassenen Weltbeschauer aber heimlich seine Weise von Sonne, Erde und Himmel spielt.

Ein Stein wahrt
sein Geheimnis

Im oberen Tauberland, gut einen Kilometer südöstlich von Oberrimbach, liegt an dem Fahrweg, der dann auf die Landstraße nach Spielbach stößt, ein Flurstück namens Taufstein. Ein Dutzend stämmiger Weidenkoppen fasst linkerhand ein grasiges Rechteck ein, und vom Fahrweg führen Steinplatten zum sogenannten Taufstein. Wohlmeinend, jedes sensible Auge jedoch irritierend, da unmittelbar an dem Steinmal eingerammt, hat man die noch in der Mittagshelle verwunschene Stätte mit Behördenblech verhunzt: »Keine Feuerstelle. Grillen strengstens verboten.«

Ein am Plattenweg aufgerichteter flechtenbunter Muschelkalkquader gehört zum Ensemble dieses Weidenflecks. Ist er Überbleibsel einer steinernen Ruhebank, eines Wegweisers, eines abgegangenen Bauwerks? Daneben findet sich seit kurzem ein ebenso wohlmeinender wie spekulativer Hinweistext. Danach sei der Taufstein um 730 vermutlich von Bonifatius aufgestellt worden. Seine drei steinernen Buckel sollten auf die göttliche Dreieinigkeit verweisen. Und dann: »Die Flurabteilung ›Hundskirche‹ in unmittelbarer Nähe deutet auf eine arianische Kirche hin, die sich zuvor hier befand.«

Gemeint ist die in der Mergentheimer Oberamtsbeschreibung von 1880 ausführlich beschriebene »Hundskirche« südöstlich von Schmerbach: »Jetzt nichts mehr als ein tiefer Erdfall, doch scheint dieselbe ursprünglich von Menschenhand in den Sandstein gehöhlt worden zu sein, nun ist alles verwachsen mit Waldbäumen und Sumpfgewächsen; 80 bis 90 Schritte weiter oben fließt eine in Stein gefasste Quelle, von einer großen rauhen Sandsteinplatte gedeckt. Die Quelle spärlich, aber nie versiegend, auch in den trockensten Sommern nicht, ihr Wasserlauf geht in die Hundskirche, dort herabtriefend und leise versickernd ...«

Der Rothenburger Historiker Heinrich Wilhelm Bensen hatte 1850 im Jahrbuch des Historischen Vereins für Württem-

Keine Feuerstelle
Grillen strengstens verboten!
Stadt Creglingen

Pietätlos eingerammt: Behördenblech am rätselhaften Taufstein bei Oberrimbach.

bergisch Franken über diese »altdeutsche Antiquität« berichtet. Danach war es eine stockwerktiefe, in den Felsen gehauene Vertiefung. »Gegen Süden erblickt man den Anfang eines Ganges im Felsen gehauen.« Eine knapp vier Fuß breite Öffnung »soll nach der Aussage der ältesten Männer in Blumweiler zu einem Gang in die Tiefe führen, welchen sie selbst in jungen Jahren an 30 Schritt weit verfolgt haben wollen, bis ihnen ein Schrecken ankam«. Nach der Volkssage, so Bensen, liege da unten der schwarze Hund auf dem Schatz. Alles in allem – vielleicht ein früher Opferplatz, aber gewiss keine »arianische Kirche«.

Das als Taufstein bezeichnete, ungefüg aus Hauptmuschelkalk gehauene Oberrimbacher Denkmal ist von Moosen und Flechten marmoriert. Es gleicht einem wuchtigen Wagenrad ohne Speichen, aus dem drei Knäufe buckeln. Das Gebilde ruht auf einer großen runden Steinplatte, die handhoch aus der Grasnarbe ragt, und hat einen Durchmesser von knapp einem Meter. Die Mergentheimer Oberamtsbeschreibung erwähnt dieses Denkmal weder beim Ortsporträt Oberrimbach noch in der Stichwortliste der Altertümer; für die Gemarkung werden nur der abgegangene Weiler Wieset oder Wiesent sowie ein 1381

zerstörtes Schloss, also das feste Haus eines Ortsadeligen, und die im gleichen Jahr gebrochene Burg Lichtel genannt. Der Weiler Wieset lag einen halben Kilometer nördlich vom Lichteler Landturm und wurde endgültig bei einer Vergeltungsaktion des Gottfried von Thüngen nach dem Bauernkrieg ruiniert und aufgegeben. Ein Mahnmal erinnert daran.

In der heimatkundlichen Literatur wird der Ringstein als Taufstätte aus der Zeit der fränkischen Landnahme gedeutet. Jenseits des Fahrweges schnürt ein Wassergraben voller Binsen und Eisenkraut, und ein trockener Graben zeichnet sich noch zwischen den Kopfweiden ab. Der Höhenweg, an dem der sogenannte Taufstein liegt, gilt als ein Teilstück der mittelalterlichen Fernstraße von Frankfurt über Rothenburg ob der Tauber nach Nürnberg. Früh hat man deshalb schon einen kleinen Sakralbau an diesem numinosen Ort vermutet. In den sechziger Jahren hat das Landesamt für Denkmalpflege deshalb 120 Bohrlöcher rund um den Stein niedergebracht. Spuren eines Bauwerks fanden sich nicht. Nur der oben erwähnte Quader kam ans Tageslicht und wurde wieder aufgerichtet. So wahrt der graue Steinring von Oberrimbach bis heute sein Geheimnis.

Der Hermersberger Hirsch

Im Neuensteiner Museum der Dynastie und Kulturlandschaft Hohenlohe, so unausschöpfbar wie das ebenfalls im Schloss einquartierte Zentralarchiv des Hauses, bildet die Kunst- und Raritätenkammer den Kern der Sammlungen. Als kostbarstes Stück gleißt da der Hausschmuck der Adelsfamilie, ein Geschmeide aus goldemailliertem Dorngerank, Saphiren und einem Narrenkopf, in seiner Herkunft, nicht in seinem europäischen Rang umstritten.

Neben dem Hut des Schwedenkönigs Gustav Adolf, einem Schuh der Zarin Katharina und dem eines Dr. Eisenbart würdigen angeblich größten Blasenstein der Welt finden sich hier Kostbarkeiten wie der burgundische Pokal oder die Schale von Breda, ein Dankgeschenk der Niederlande an einen Herrn von Hohenlohe während ihres Befreiungskampfes gegen Spanien.

Der Fürstliche Archivrat Karl Schumm verwies übrigens allemal ironisch darauf, dass, anders als in vielen Sammlungen protestantischer Standesherren, säkularisiertes Kirchengut in diesem Museum fehle.

Als Wappentier des Schlossmuseums Neuenstein glänzt jedoch der Hermersberger Hirsch, ein Willkomm-Pokal in Form eines anmutig ausschreitenden Zwölfenders mit abnehmbarem Kopf. Angeblich, so hieß es über Generationen hinweg, hätten ihn die Bürger Niedernhalls am Kocher wegen allerlei Forstfrevel und Wildereien in den Wäldern der Hohenlohe als Buße stiften müssen. 1992 erst hat Gerhard Taddey in seiner Monographie über das Jagdschloss Hermersberg für Aufklärung gesorgt. Danach hat sich die Niedernhaller Bürgerschaft als Dank für die Ausweitung ihrer Waldweide freiwillig erboten, der Herrschaft »zu einem überguldten Hirsch achtzig Gulden einmal für allemal und mehr nicht« zu verehren.

Jeder der hohen Jagdgäste auf Hermersberg, der zum ersten Mal daraus trank, musste seinen Namen, möglichst mit einem

Der Hermersberger Hirsch

passenden Spruch, in das dazugehörige Willkommbuch eintragen. Ein Eintrag im ersten Buch machte aus dem Hirsch-Präsent eine Zwangsabgabe. Taddey:»Die Akten geben keinen Hinweis, daß jemals eine solche Strafe gefordert worden ist«, aber, so fügte er hinzu,»diese Geschichte wird wohl nicht auszurotten sein.«

Gefordert war ein Ex!

Graf Wolfgang entschloss sich, noch einmal die Hälfte draufzulegen und bestellte für 120 Gulden den Willkomm bei dem Augsburger Meister Hellthaler, auch Höllthaler geschrieben. Das diamantenbesetzte Halsband des knapp 50 Zentimeter hohen Hirschs trug ursprünglich das Niedernhaller Stadtwappen. Der sechseckige Sockel, auf dem er schreitet, deutet einen Waldboden an, auf dem allerhand Kleingetier, Schlange, Eidechse, Schnecke, Frosch, Schildkröte und Vogel hüpft und krabbelt. Um den Sockel läuft eine Inschrift; sie lautet sinngemäß:»Gott grüß Euch alle freundlich sehr / Vom Wald komm ich, bring neue Mär. / Der mich wollt treiben von dem Plan, / Hat mir hernach die Ehr antan. / Aus Silber Gold mich machet fein, / daß ich sollt ein gut Willkomm sein, / Dem Herren dieser Wildfuhr zur Zier. / Willst mich dann nit austrinken schier.« Der Kopf des Kleinods ist abnehmbar, sein Inneres für den Willkommtrunk hohl.

Geleert werden musste der Hirschpokal auf einen Zug und Schluck, also auf ex. Die Statuten im Willkommbuch sind da eindeutig:»Erstlich soll sich keiner den Willkomm auszutrinken beschweren. Er sei denn mit großer, gefährlicher Leibesschwachheit geschlagen, jedoch soll solche zuvor genügsam bewiesen werden. Zum andern so einer ein Abstenius wäre, als daß er keinen Wein jemals getrunken oder trinken könnte, so soll er den Willkomm voll Bier oder Wasser austrinken […]«

Im Sommer 1581 leerten Graf Wolfgang und seine Waidgenossen den Pokal erstmals auf Hermersberg. Die bis 1771 fortgeführten Willkomm-Bücher sind erhalten. Als man das Stück 1840 restaurieren ließ, wurde ein neues Willkomm-Album angelegt. Seit der Eröffnung des ersten Neuensteiner Schlossmuseums 1878 ist der Hirsch dort Blickfang und Wahrzeichen.

In dem mit Jagdtrophäen geschmückten Saal des Schlösschens Hermersberg, von dem Industriellen Reinhold Würth als privater Landsitz würdig wiederhergestellt, steht eine getreue Nachbildung des phantasievollen Prunkpokals.

Das 16. Jahrhundert galt als das Saufsäkulum deutscher Nation. Gegen diese Willkomm-Humpen und ihre Praktiken hat 1589 der schwäbische Pfarrer Pflacher gewettert: »Uns Teutschen kann man die Trinkgeschirr nicht allein nicht groß genug, sondern auch nicht schön und seltsam genug machen. Man trinkt aus Affen und Pfaffen, Mönch und Nonnen, Löwen und Bären, Straußen und Kauzen und aus dem Teufel selbst.«

Abt Knittel leerte den Willkomm

Anfangs folgen im Willkommbuch Unterschriften, Signaturen, Sinnsprüche, Devisen und Reimgebilde einander in kunterbunter Folge, ohne Rücksicht auf Stand und Herkunft. Anno 1609 wird eine Rangfolge versucht: »Chur- und Fürsten, Grafen und Herren, Adel, Doctores und ander ehrliche Leut.« Aber das hielt in dem saufseligen Durcheinander nicht lange vor.

Neben dem Hochadel wie den Pfalzgrafen oder Herzog Julius Friedrich von Wirtemberg erscheinen vor allem die Lehensleute und höheren Beamten derer von Hohenlohe in den Bänden, darunter auch der Baumeister Georg Kern oder der Kartograph Michael Hospin.

Ein G.G. gezeichnetes Hexameter-Poem von 1658 lautet: »Hirsch, weil du nun auch mich bewillkommt und getränkt, / so sei dir dieser Reim zur Dankbarkeit geschenkt. / Ich halte mehr auf dich, als auf den Hirsch im Forst, / denn dieser machet nur, du aber löschst den Durst. / Doch welchen jener speist und trinkt dazu dich aus, / der denkt sein Leben lang an dies berühmte Haus.«

Mindestens zweimal war auch der als Laudaer Winzersohn geeichte Abt Benedikt Knittel von Schöntal als geistlicher Nachbar Gast bei den protestantischen Grafen auf Hermersberg. Das erste Mal sechs Wochen nach seiner Abtswahl 1683; sein lateinischer Spruch variiert einen Psalmtext und spielt nur kurz auf künftiges gutnachbarliches Auskommen an, teilte man sich

**Das Jagd-
schlösschen
Hermersberg
um 1920.
Übermalte
Fotografie.**

doch mit Kurmainz und Hohenlohe ins Regiment über das Städtchen Niedernhall. Im Herbst 1705 jedoch lässt er seiner Poetenlaune mit 84 kompliziert gefügten deutsch-lateinischen Versen ihren Lauf, wobei er den biblischen Berg Hermon auf Hermersberg und die Büchse der Pandora auf den weingefüllten Hirsch bezieht. Knittel schließt mit dem Hochruf: »Es lebe Ho / Haus Hohenloh / cuius salutem bibo.«

Ein Steingarten
wird abgeräumt

In seinem Ruhestand hatte sich Carl Weber, Altbürgermeister des Städtchens Niederstetten, der historischen Grenzsteine überm Tal der Vorbach angenommen, Standort und Fundort, soweit noch feststellbar, akribisch notiert und nach dem Placet des Staatlichen Vermessungsamtes dafür gesorgt, dass knapp 80 dieser Kleindenkmale in einem Lapidarium am Schlossberg einen wohlverdienten Ruhesitz erhielten. Geordnet hatte er die Sammlung nach acht Gruppen: Adlige Herrschaften; Deutscher Orden; Reichsstadt Rothenburg; Marksteine abgegangener Weiler; Steine unbekannter Bedeutung; Maßsteine, trigonometrische Signalsteine und Wegweiser; Grenzmale gemeinschaftlicher Gemarkungen und Einzelhöfe sowie gemeindliche Gemarkungssteine.

Beiläufig merkte Weber in seiner kleinen Broschüre an: »fand sich auf einem Steinhaufen an der Straße« oder »herausgerissen neben einem Waldweg« oder »kamen vier Gemarkungen zusammen: Rot – Dörtel – Hachtel – Otzendorf, abgegangener Weiler auf Markung Hollenbach. Hier stand ein großer Viergrenzstein, leider ist dieser verschwunden«. Als übrigens kürzlich bei Ebay historische Grenzsteine angeboten wurden, ersteigerte die Polizei zum Schein einen Stein und kam so an die Anschrift des Verkäufers. Das Entfernen und Verscherbeln solcher Kulturdenkmale wird als Ordnungswidrigkeit geahndet.

Im März 1983, zum achtzigsten Geburtstag Carl Webers, wurde preisend mit viel schönen Reden das Lapidarium auf halber Höhe am Schlossberghang eingeweiht. Als wir für dieses Buch Aufnahmen machen wollten, sagte uns eine Frau: »Die Grenzsteine? Die gibt's nimmer. Doch, ein paar hat man stehen lassen – wenn Sie vor der Treppe zum Schloss links in Richtung Stadion laufen!« Nach ein paar Schritten ragte ein Muschelkalkblock auf; eingelassen war eine Metalltafel, die über die Gruppierung der Kleindenkmale orientierte. Nur – die waren verschwunden, weg, abgeräumt, bis auf sieben, acht Steine im falben Gras. Zwei Male wiesen die Wolfsangel der früheren Herrschaft Hatzfeldt droben auf Haltenbergstetten auf.

Heimatkunde? Vorbei und vergessen

Wie hatte es 1983 getönt? »Niederstetten ist damit um eine historische Sehenswürdigkeit reicher geworden, für die es weit und breit nicht einmal ein konkretes Vorbild gibt« und: »[…] konnte das Landesdenkmalamt bisher keine vergleichbare Sammlung dieser Art und Größe im Musterländle nennen« und: »Grenz-

Altbürgermeister Carl Weber bei der Eröffnung seiner Sammlung alter Grenzsteine.

Ein Steingarten wird abgeräumt

steine sind lebendige Heimatkunde.« Ahnungsvoll hatte Weber in seiner Broschüre geschrieben, er wolle damit auch »einen Beitrag zu der etwas vernachlässigten Heimatkunde geben«. Diese ist ja inzwischen aus dem Fächerkanon unserer Schulen verschwunden. Die Folgen spüren wir allenthalben.

Als ich auf dem Rathaus nachfragte, wusste zunächst keiner über das Schicksal der Steine Bescheid, bis der Baudezernent zurückrief: Ja, die habe man Ende der neunziger Jahre bei der Neuordnung des Schlossbergs abgeräumt und im Bauhof gelagert. Damals habe es staatliche Zuschüsse gegeben, ein neuer Weg, eine Pergola, ein Pavillon seien angelegt worden und das Freilufttheater drunten am Tempele habe man hergerichtet. Jetzt seien Nummerierung, Initialen und Wappen verblasst und man wisse nicht weiter. Als ich auf die Weber'sche Broschüre hinwies, kam die hoffnungsvolle Frage, ob ich da vielleicht helfen könne. Sechs Millionen DM, so heißt es im Städtle, seien damals an Zuschüssen geflossen. Für einen ansprechenden neuen Grenzsteingarten, wie Walter Krüger, Vorsitzender des Heimatvereins, vorgeschlagen hatte, reichte das Geld offensichtlich nicht mehr. Das war halt Heimatkunde. Vorbei und vergessen.

Frevler und Schieder

Lange wurden Grenzen nur grob anhand der topographischen Gegebenheiten in der Landschaft bestimmt und beschrieben. Das änderte sich mit der territorialen Konsolidierung der geistlichen und weltlichen Herrschaften im späten Mittelalter. Älter als Grenzsteine waren anscheinend die Lachbäume, Lochbäume oder Malbäume, denen man entsprechende Kerben oder Lachen einschlug. Örtliche Gemarkungen wurden wohl früher versteint als Landesgrenzen. Der Name Mark für ein mehr oder weniger fest umrissenes Stück Land, althochdeutsch marcha, wich ab dem 13. Jahrhundert allmählich der Bezeichnung Grenze, abgeleitet vom slawischen graniz. Die Grenzzone gerann zu einer Grenzlinie.

Den oft mit einem eingehauenen Kreuz markierten Grenzsteinen haftete numinose Bedeutung an. Wer sie ausgrub, beschädigte oder widerrechtlich versetzte, sollte nach der Reichs-

gesetzgebung Kaiser Karls V. von 1533 »peinlich am Leib gestraft werden«. Fast jedes Dorf hat seine Sage vom Grenzsteinverrücker, der dafür mit dem schweren Stein auf dem Rücken nach seinem Tode um Mitternacht ächzend herumirren muss. Christoph von Schmid, fränkischer Autor erbaulicher Kindergeschichten, erzählt von so einem Frevler, der das Grenzmal in den Obstgarten des Nachbarn hineinrückte, am so ergaunerten Kirschbaum von der Leiter stürzte und, statt auf der weichen Wiese zu landen, sich am versetzten Grenzstein das Genick brach. »Daher sagt man gleichnisweise: Wie sorglos wälzt der freche Bösewicht / Den Stein herbei, der ihm den Nacken bricht.«

Vor den Geometern, den amtlichen Landvermessern, gab es das auf Lebenszeit gewählte Feldgericht örtlicher Vertrauensleute, die man Feldgeschworene, Schieder, Steinsetzer, Umgänger oder Untergänger nannte. Sie erhielten oft ein Ehrengestühl in der Dorfkirche oder einen Markstein aufs Grab, wie ich es noch in Niederrimbach bei Creglingen sah, und hatten in Abständen

Ein Steingarten wird abgeräumt

»Stein und Rain« abzugehen, um die Grenzmale zu überprüfen. Manchmal beteiligte sich auch die ganze Gemeinde an so einem Markumgang.

»Habt Gerechtigkeit Lieb«

In Wachbach fand sich im Dorfarchiv ein Dokument dieser ländlichen Rechtsinstitution, ein Schiederbüchlein, das lückenlos Einträge von 1657 bis 1939 enthält: Namenslisten der jeweiligen Schieder, Protokolle über ihre Tätigkeit und Grenzänderungen sowie eine in 33 Absätzen knapp gefasste Schiederordnung. »Habt Gerechtigkeit Lieb. Angefangen Anno 1657 […]«, beginnt dieses Schiederbuch. Wie streng die Ordnung für dieses Ehrenamt gehandhabt wurde, erhellt eine Notiz: »1813 am 20. Oktober ist Johann Riegel aus der Schied von Ihrer Herrschaft wegen kommen. Zwar nicht wegen gemachter Fehler im Schiederamt, sondern als Verschwender seines Vermögen.« Eindrucksvoll lautet auch die Bannformel, die bei Eröffnung einer Schiedertagung verlesen wurde und schloss, dass sie »nicht ansehen Freund oder Feind, Brüder- oder Schwägerschaft, Gab, Geschenk, Gunst oder Missgunst […]«

Prachtvoll gehauene Wappenmale barg das Lapidarium überm Tal der Vorbach zwar nicht, aber Steine mit dem fünfspeichigen Rad der Herren von Berlichingen, dem Wolfseisen der Hatzfeldt oder dem Kreuz des Deutschen Ordens. Die Reichsstadt Rothenburg, die Herrschaft Rosenberg, die Linien des Hauses Hohenlohe wie Bartenstein, Jagstberg, Langenburg oder Weikersheim begnügten sich wie die Gemeinden meist mit Initialen. Auch fehlen hier Steine wie um Bad Mergentheim, wo übers Kreuz des Deutschen Ordens nach 1809 willkürlich die württembergischen Hirschstangen eingehauen worden sind. Trotzdem streift einen bei der Erinnerung an die schnöde ins Depot verbannten Grenzmale Carl Webers die Mahnung: »Habt Gerechtigkeit Lieb …«

Wolfsgruben

In seinen von den Zeitgenossen gesammelten Tischreden hat Martin Luther angesichts seiner vielfach mächtigen Gegner einmal bekannt, er fühle sich wie eine Gans auf der Wolfsgrube, mit tausend Wölfen ringsum, und dennoch bleibe die Gans heil, während all die Wölfe in die für sie bestimmte Grube stürzten. Damit spielte er auf die Wolfsgruben an, mit senkrecht eingerammten Brettern ausgekleidete oder gar sorgfältig ausgemauerte mindestens drei Meter tiefe Schächte. Ihr Schlund wurde mit schwachem Reisig überdeckt. Ein darauf angebundenes lebendes Kleintier oder Aas sollte Isegrim anlocken. Manchmal ragte inmitten der Grube auch ein Pfahl, auf den der Köder gespießt war. Beim Sprung auf die Beute brach der Wolf in den Schacht und wurde dort von den Bauern mit Steinen und Spießen getötet.

Auf Landkarten finden wir gelegentlich die Bezeichnung Wolfsgrube, meist nur noch als Name einer Waldabteilung. Die steinernen Relikte selbst sind im Waldesdämmer selten geworden. Sie brachen mit der Zeit ein, wurden wegen Unfallgefahr für den Menschen zugeschüttet oder allmählich mit Laub und Abfall zugeschwemmt und vererdeten als feuchte Senke zum Krottenloch. Im Hohenlohischen haben noch etliche Wolfsgruben überdauert – im Wald Hegenest bei Simprechtshausen, im Wald Jagsthälde an der Gemarkungsgrenze zwischen Krautheim und Marlach, bei Frauental und bei Creglingen. Abgegangene Wolfsgruben sind bei Apfelbach oder im Crispenhöfer Forst bezeugt.

Ortsnamen und Flurnamen erinnern an den grauen Räuber: Wolfsäcker bei Rengershausen, Wolfsau am oberen Tauberlauf, Wolfsberg im Mainhardter Wald sowie westlich von Reinsbronn, Wolfsbuch in der Rothenburger Landwehr, Wolfsbühl südlich von Windischenbach und bei Weckrieden, Wolfsbusch bei Atzenrod im Langenburger Herrschaftswald, Wolfsklinge bei Neunkirchen, Wolfskreut, Wolfrecht nördlich von Rüblingen überm Kocher, Wolfsschlag bei Blaufelden, Wolfsschlucht bei Löffelstelzen.

Als Götz von Berlichingen im Frühjahr 1516 in seiner Fehde gegen Kurmainz mit seinem Überfall auf den alten Grafen von Waldeck 5400 Gulden Lösegeld erpresste und so die Herrschaft Hornberg überm Neckar erwerben konnte, hatte er unmittelbar zuvor eine glückhafte Wolfsbegegnung. Der Überfall geschah beim Kloster Dalheim im heutigen Landkreis Büren. Originalton Götz: »Wie wir loszogen, hütete ein Schäfer nahebei, und zum Wahrzeichen fielen ihm fünf Wölfe in die Herde […] Das hörte und sah ich gern und wünschte ihnen Glück und uns auch […]«

Mit dem Wahrzeichen spielte der Wolfsreiter auf das Wappen derer von Berlichingen an. Es zeigt in Schwarz ein fünfspeichiges silbernes Rad und auf dem bekrönten Helm darüber einen Wolf mit einem Lamm im Rachen. Auf dem Portalwappen des Roten Schlosses in Jagsthausen hat der Maler, ganz unheraldisch, sogar die Blutspuren im Lammfell koloriert.

Sorgfältig ausgemauert wurde die Wolfsgrube im Bockstallwald bei Creglingen.

Den Hofhund von der Kette geholt

In Grimms Wörterbuch füllt das Stichwort Wolf 39 Spalten, ein Beleg dafür, wie allgegenwärtig Meister Isegrim einmal in unseren Landen war. Vor allem während des Dreißigjährigen Krieges und danach hatten sich die Rudel in den entvölkerten Gegenden und bei dem üppigen Angebot an Aas bedrohlich vermehrt. Im Herzogtum Wirtemberg wurden zwischen 1639 und 1678 allein von den herrschaftlichen Jägern und Forstknechten 4000 Wölfe erlegt, ungerechnet die Tiere, die von den Hirten und Bauern getötet wurden oder an Giftködern und Wolfsangeln verendet waren. Letztere waren zugespitzte Holzstücke, die in einem Köder versteckt, vom Wolf beim hastigen Schlingen mit verschluckt wurden und zu seinem qualvollen Tod führten.

Meist stammen unsere Wolfsgruben, wie hier bei Frauental, aus dem 17. Jahrhundert.

Gelegentlich werden, wie in der Markgrafschaft Ansbach, auch Wolfsgärten erwähnt. Das waren große, maximal anderthalb Meter tiefe Erdgruben, in die man gefallenes Vieh legte. Getarnte Tellereisen mit gezackten Bügeln schnappten zu, wenn der Wolf darüberlief. Oft setzte man diese Gruben etwas unter Wasser, so dass der Graue die menschliche Witterung am Eisen nicht wahrnahm.

Der Wolf war damals das einzige Wild, das keinem herrschaftlichen Jagdbann unterstand. Der vierbeinige Freibeuter war selbst Freiwild. Aus dem 17. Jahrhundert stammen die meisten der erhaltenen Wolfsgruben. Im Gegensatz etwa zum Luchs, der sich strikt im Wald hält, galt der Wolf als der verhasste Räuber der Schafherden und des Weideviehs im offenen Land. In harten Wintern drangen die vom Hunger gepeinigten Wölfe sogar in die Dörfer und Ställe ein oder holten den Hofhund von der Kette. 1652 kamen sie über die schadhafte Mauer in den Neusitzer Friedhof und scharrten Gräber auf.

Bis ins 17. Jahrhundert besaß das Dorf Buch am Tauberrain, heute Wolfsbuch, die Verpflichtung zur Wolfsjagd in der

Isegrim beschleicht da einen lebenden Köder über der getarnten Wolfsgrube.

Rothenburger Landwehr. Auf einer Landkarte des reichsstädtischen Territoriums hat Wilhelm Ziegler 1537 eine Treibjagd dargestellt, bei der Männer und Hunde den Räuber in ein aufgerichtetes Netz, das Wolfsgarn, hetzen, wo er dann erschlagen und »mit dem Brotmesser« erstochen wurde. Die Buchener forderten sechs Jahrzehnte später vom Rat der Reichsstadt weiter ihre traditionelle Befreiung vom Ungelt, der Getränkesteuer auf den Wein, den sie nach ihren Treibjagden tranken. Begründet wurde das mit einem »vor undenklichen Jahren« gewährten Privileg.

Der Graue wurde dämonisiert

Die Wolfsgrube am Holzspitzenweg des Klosterwaldes über Frauental erklärt sich mit der ausgedehnten Schafhaltung des Zisterzienserinnenklosters; auch über dem Zisterzienserkloster Bronnbach am Unterlauf der Tauber gibt es eine Waldabteilung Wolfsgrube. Das kulturhistorische Denkmal selbst wurde erst 1988 wiederentdeckt. Dagegen ist die Frauentaler Wolfsgrube immer im Gedächtnis geblieben und heute umzäunt. Das gilt auch für die gut drei Meter tiefe, knapp drei Meter breite ausgemauerte Wolfsgrube im Bockstallwald westlich von Creglingen. Der mit einem blauen Kreuz des Albvereins markierte Wanderweg von Creglingen nach Standorf führt daran vorbei.

Obwohl der Wolf einen Menschen nur in äußerster Not anfällt, gilt der Graue bei vielen Leuten heute noch als die Inkarnation der Gefahr, ja des Bösen. Sage und Märchen haben ihn verteufelt, obwohl oder gerade weil er wie der Rabe dem germanischen Göttervater Odin geweiht war. Dazu kam die Übertragung der Tollwut durch »die thörichten« – also nicht mehr menschenscheuen – »Tiere«, wie es in den fränkischen Chroniken heißt.

Der letzte Wolf in Württemberg wurde 1847, der letzte Wolf unserer Gegend, ein versprengter Rüde, 1830 bei Obersteinach geschossen, nachdem er, so die Mergentheimer Oberamtsbeschreibung, »in unserem Bezirk mehrere Schafherden zerstreut und von der hiesigen Herde fünf Stück zerrissen hat-

te«. Mit der Ausrottung der Wölfe, die das kranke Wild und Jungtiere dezimiert hatten, wuchs der Bestand an Schwarzkitteln, Hirschen und Rehwild, aber auch die Zahl der Füchse nahm überhand.

Seit 1996 leben wieder Wölfe im Osten Deutschlands; dort, in Sachsen und in Brandenburg, hat der inzwischen gesetzlich geschützte Canis lupus, von dem unser Haushund abstammt, vielleicht eine Chance zu überleben, wenn sich die Jäger trotz wölfischer Konkurrenz an das Gesetz halten.

Mehr Moritat als Realität: Ein einsamer Riesenwolf stürzt sich auf zwei Reisende.

Das Bächlinger Fischhaus

A bseits, verwunschen liegt in der Jagstaue bei Bächlingen das Fischhaus. Nicht nur das Backhäusle im Garten oder das Haus des Aufsehers über die fürstlichen »Fischgrüben« machen den Reiz des Ortes aus, sondern vier steingraue Säulen, die vor einer bescheiden hingeduckten Fachwerkfront aus ummauertem, algengrünem Wassergeviert ins Blau stoßen; Schilf, gelbe Schwertlilie, Blutweiderich säumen das Bassin, dem sich, sanft abgestuft, zwei einfache Weiher anschließen. Im Hintergrund zackt die Silhouette des Bergstädtchens Langenburg am Horizont.

Die Bedeutung des Fachwerktraktes ist klar: An seiner Hangseite wurden zwölf aus Stein gehauene Becken von einer Quelle gespeist, deren Überlauf in das Bassin und die beiden unterhalb gelegenen Fischweiher floss, und in diesen Becken wurde die silbrige Teichbeute in klarem Nass gewässert, ehe sie in der fürstlichen Hofküche der Langenburger Residenz landete. Rätsel gaben jedoch die einsamschönen kapitellbekrönten Säulen in dem Bassin auf.

Der Bächlinger Pfarrherr und Hohenlohe-Troubadour Rudolf Schlauch meinte, Serenissimus habe sich hier eine sommerliche Villegiatura gegönnt: »Wahrscheinlich waren früher einmal über die vier Säulen ein paar Eichenbalken gelegt gewesen, so daß eine Wasserpergola entstand, unter der man mit einem Kahn fahren und angeln konnte.«

1971 hat die Kunsthistorikerin Inge Schöck vom Landesdenkmalamt das Rätsel gelöst. 1578 schon stand hier ein »Vischhus«, und im Hohenlohischen Zentralarchiv Neuenstein fand sie den 1854 gefertigten Grundriss und Aufriss des Fischhauses. Danach trugen die vier Säulen eine über das ganze Bassin wuchtende stattliche Scheuer mit dreigeschossigem Dachraum fürs Getreide. Das Erdgeschoss war auf drei Seiten von einem halboffenen Gang, einer Art Galerie, umgeben; zum Hang hin war das Bauwerk von den ins gestampfte Erdreich eingelassenen zwölf steinernen Fischbecken gesäumt.

1866 wurde der Fruchtkasten über dem 17 auf 18 Meter großen Bassin abgebrochen, die Hangfront mit den kleinen Fischbecken eigens neu überdacht. Die vier Säulen aus dem späten 16. Jahrhundert ließ man stehen. Schöck hat in der Fachliteratur über diese Fischhäuser gegründelt und fand in dem 1825 erschienenen »Handbuch für Fischerei- und Teichbesitzer« von Jacob Ernst von Reider folgenden Passus: Die Fischhäuser ständen über Bächen oder Teichen mit beständig starkem Zufluss. »Sehr zweckmäßig ist es, wenn ein solches Haus nur auf einzelnen Säulen oder Pfosten im Wasser ruhet, damit wenigstens auf drei Seiten das Wasser und die Luft in die einzelnen Abteilungen gleich frisch eindringen kann.«

Rätselhaft verwunschen muten die einsamen Wassersäulen beim Fischhaus an.

Das abseits stehende Wohnhaus des fürstlichen Fischmeisters in Bächlingen wurde 1667 gründlich erneuert. Das Backhäusle am Hang diente dem Aufseher und seiner Familie nicht nur fürs Brotbacken. Hier wurde auch das »Fischbrod« getrocknet oder gebacken. Bei Reider liest sich das so: »Es werden Erd-

äpfel, Erbsen, Linsen, Bohnen etc. gekocht, jedoch nur mäßig weich. Dazu nimmt man Kleien, etwas Trebern vom Bierbräuer. Oder verdorbenes Malz etc und etwas schwarzes Mehl, welches vorzüglich dient, die Masse haltbar zu machen, und mengt dieses mit Bierhefen, oder noch besser mit dem Bodensatz, der beim Brauen bleibt [...]«

Heute schiebt man für Gartenfeste Pizza ins Backhäusle. Verschwunden ist am Wohnhaus der, so Inge Schöck, rundbogige Türstock und seine schön gearbeiteten, quergeteilten Türflügel »mit Messingtürklopfer in Fischform«.

Johann Friedrich Mayers
Mayenkäfer

m Jahr 1974 sang Reinhard Mey sein Requiem auf den
Maikäfer. 1856 konnte Wilhelm Busch in seiner Bil-
dergeschichte »Max und Moritz« noch reimen: »Jeder
weiß, was so ein Mai / -käfer für ein Vogel sei […]«
Heute kennen unsere Kinder und Enkel den braunen Brummer
eher in Schokolade gegossen als von Pirschgängen in Wald und
Flur. Nach all den chemischen Attacken und Umbrüchen in der
Landwirtschaft ist das Krakeltier bei uns, anders als am Oberrhein, zur Rarität geworden.

Als Kinder sortierten wir die von den Bäumen geschüttelte
Käferbeute nach blankschwarzen, mehligweißen, rötlichen und
roten Nackenschildern als Schuster, Müller, Edelmann und König. Als wir einmal unseren Fang den Hühnern der Nachbarin
en gros vorwarfen, beklagte sich die Frau wenig später, sie könne ihre Eier den Kunden wegen des penetranten Maikäferge-
schmacks nicht verkaufen. Und das kurz vor der Währungsre-
form, als ein Extra-Ei noch was galt.

Die Käferkundler unterscheiden zwei Arten, Feldmaikäfer
und Waldmaikäfer. Erstere krabbeln auf rostbraunen, letztere
auf schwarzen Beinen durchs kurze Käferleben. Bei beiden lassen jeweils die Männchen sieben, die etwas molligeren Weibchen

**Max und
Moritz haben
dem Onkel
Fritz Mai-
käfer in die
Matratze
geschmuggelt.**

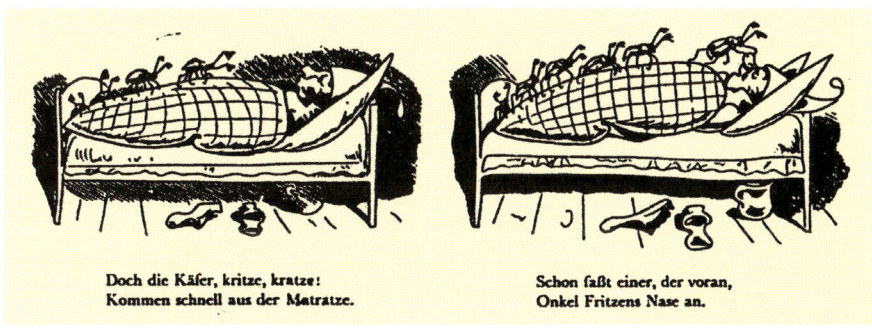

Doch die Käfer, kritze, kratze!
Kommen schnell aus der Matratze.

Schon faßt einer, der voran,
Onkel Fritzens Nase an.

»Bau!!« schreit er – »Was ist das hier?!!«
Und erfaßt das Ungetier.

Und den Onkel, voller Grausen,
Sicht man aus dem Bette sausen.

»Autsch!!« – Schon wieder hat er einen
Im Genicke, an den Beinen;

Hin und her und rund herum
Kriecht es, fliegt es mit Gebrumm.

Aufregend turbulent schildert Wilhelm Busch dann das Abenteuer dieser Maiennacht. sechs Fühlerblätter spielen. Frau Maikäfer schleppt übrigens ihren Gatten beim Liebesakt beutegleich mit der Bauchseite nach oben durch die Gegend. Wenn wir auch dem Käfervolk seine mailich frischen Blattsalate, Eichenlaub bevorzugt, gönnen – die Käferlarve, der feiste bleiche Engerling, der drei bis fünf Jahre unterirdisch an den Wurzeln prasst, von der Kartoffel bis zur Kiefer, ist Gärtnern, Bauern und Förstern verhasst.

Pastoraler Exkurs

1786 erschien die Schrift »Der Mayenkäfer als Wurm und Vogel, in Gärten, auf Äckern und Wiesen dem Landmanne höchst schädlich, hinlängliche und erprobte Vorschläge wider ihn«. Als Verfasser des 134 Seiten starken Büchleins zeichnete der aus

Herbsthausen gebürtige, in Kupferzell amtierende, der praktischen Aufklärung verpflichtete Pfarrer Johann Friedrich Mayer, bekannt als Reformator der hohenlohischen Landwirtschaft.

Mayer hielt über Jahre Engerlinge in Glaskästen und beobachtete, dass sich die Larven vor Einbruch des Winters tiefer eingruben. Das gab den Anlass zu einem pastoralen Exkurs: »Wie weise hat doch der Höchste alles geordnet, wie gütig und vortrefflich für jedes, sogar eines Wurmes Glückseligkeit gesorgt […] Möge der tadelsüchtige, stets unzufriedene Erdensohn vor die Hütte des Käfers treten und die Weisheit lernen, so würde er nicht durch Murren, Klagen und Klügeln seinen Schöpfer entehren.«

Eine Eloge in Stein: das Grabmal des Pfarrers Johann Friedrich Mayer in Kupferzell.

Vor allem in trockenen Jahren, so Mayer, könne der Engerlingfraß »zum Ruin der Wiesen« führen. Man solle sie zwar bekämpfen, etwa durch Wässern der Wiesen zur Zeit der Eiablage. Wo das Grasland schon gelitten habe, empfahl er Kleesaat, vor allem Luzerne. Kurzhalten solle man den Mayenkäferwurm, aber nicht ausrotten, denn er habe für den Bauern auch »viel Schätzbares«. Er lockere die Böden und sei Beute für nützliche Vögel: »[ ] der gesellige Gefährte des Ackermanns, der schwarze Rabe, wann er sein Feld pflüget, klaubt sie auf oder wittert sie neben der welkenden Pflanze.«

Auch der Engerling, so schließt Mayer sein Büchlein über die Metamorphose des Maikäfers, habe ein Lebensrecht im Ganzen der Natur. »Mit den Verbesserungen des Menschen ist es jederzeit so beschaffen, daß das Ende denselben immer erst belehren musste, es sei gefährlich, Eingriffe in die weise Einrichtung der Natur zu beginnen [...]«

Liebescocktail und Käfersuppe

Auch in der Kulturgeschichte zieht der Maikäfer seine Krakelspur. Im Mittelalter gab es Predigten wider das Insekt, in denen ihm gedroht wurde, wenn es sich nicht gleich davonmache, werde ihm bei der nächsten Sintflut kein Plätzchen in der Arche eingeräumt. 1770 empfahl eine fürstbischöflich-würzburgische Verordnung in Honig eingelegte, kopflose und zerquetschte Maikäfer als probates Mittel gegen Tollwut, »so in hiesiger Hofapotheke vorrätig vorhanden«.

Die eiweißreichen Brummer, wahre Proteinbomben, galten auch als Hauptingredienz verschiedener Liebescocktails für lendenlahme Mannsbilder, vielleicht, weil man beobachtet hatte, dass die Sechsbeiner stundenlang kopulieren. In Massenflugjahren wurden die Maikäfer tonnenweise mit Kalk kompostiert oder an Schweine und Geflügel, ja sogar an die Affen im Zoo verfüttert. In alten Kochbüchern und Zeitschriften findet man immer wieder Maikäferrezepte. Käfersuppen, so heißt es, päppelten Kranke auf und könnten »für Hospitäler und Kasernen herrliche Dienste tun«. In unseren Tagen hat Vincent Klink, Meisterkoch auf der Stuttgarter Wielandshöhe, sein Rezept aus-

Maikäfer flieg!

geplaudert: Ohne die zähen Flügel rösten, mit Salz, Pfeffer und etwas Curry würzen und noch krachig servieren.

Im letzten Kaiserreich hatte der Maikäfer seinen großen Auftritt in Bilderbüchern und auf kolorierten Ansichtskarten, nicht als gefräßiger Schädling, sondern als Kompagnon deutschen Gemüts –mit Fliegerbrille im neumodischen Aeroplan, bei der Maibowlenparty auf der Waldwiese, als Pärchen auf der Seufzerbank oder als Brummbassstreicher einer Käfer-Kapelle.

Es muss mit dem mozartisch komponierenden Wonnemonat Mai zusammenhängen, dass uns sein Namenskäfer so vertraut geworden ist. Der Kartoffelkäfer ist ebenso schädlich wie Melolontha, so der zoologische Name des Maienkrabblers, und ebenso adrett anzusehen in seinem habsburgisch schwarzgelben Harnisch. Aber keiner mag ihn.

Vor hundert Jahren war der Maikäfer noch ein Star der Ansichtskarten-Industrie.

Johann Friedrich Mayers Mayenkäfer

»Des kummt vom Houalouer Mouschd«

Blühende Most-birnenbäume säumen heute noch viele Landstraßen im Hohen-lohischen.

ie vom Schatten hochkroniger Birnbäume gesprenkelten Landstraßen gehören zum Bild der Kulturlandschaft Hohenlohe. Im aufklärerischen »Fränkischen Magazin« für 1791 schilderte der Reiseschriftsteller Kessler von Sprengseysen das Fürstentum Hohenlohe. Da heißt es: »Obst gerät in guten Jahren in solchem Überfluß, daß nicht nur fuderweise das Gedörrte außerhalb des Landes geht, sondern daß noch überdies daraus Äpfelwein und Birnmost gemacht werden müssen [...] Als etwas Bemerkenswertes, besonders für Gegenden, wo kein Wein gebaut wird, ist eine Art Feldbirne, welche Mostbirnen heißen, aus welchen man vielen und guten Wein keltern kann. Die besten Sorten dieser Birnen werden zu Weinsbach ohnweit Öhringen sehr häufig gebaut [...]«

Ein begeisterter Anhänger der Mostbirne und ihres Getränks war der Kupferzeller Pfarrherr Johann Friedrich Mayer. Um die Mitte des 18. Jahrhunderts wichen in vielen Lagen die Rebstöcke dem Obstbaum, denn deren saurer Wein »bringt kein Geld ein, wird im Land als ein unnötiges Getränk ausgesoffen, verderbt Viele an Vermögen und Gesundheit«. Für die Obstbäume pfropfte man anfänglich Wildapfel, Wildbirne oder Weißdornstecklinge, dann wurden sie aus Kernen gezogen; so entstanden zahlreiche Lokalsorten. Der Brettacher Apfel entspross noch vor hundert Jahren einem Tresterhaufen und verbreitete sich rasch übers ganze Land.

Mayer ging da seinen Bauern im eigenen Baumgarten mit gutem Beispiel voran. »Unsere Mostbirnen werden schwerlich sonstwo bekannt sein […] Man heißt sie Steinbacher und Maßholderbacher Mostbirnen.« Nichts blieb von dieser Art Birne beim Mosten zurück als Schalen und Kerne. Sie hingen »alle bis tief in den Herbst hinein am Baume. Die Blätter fallen ab, sie bleiben hängen, bis man sie abschüttelt, und dann sind sie zum Mosten erst recht gut und vortrefflich«. Gekocht gebe die Mostbirne »eine Brühe, so dick und süße, wie der beste Honig; gedörrt ohne Steine ist sie, wie eine gedörrte Feige […] Hier heißt man sie Rauranke, sonst wo Fürstenbirn; ich meyne, ich hätte sie auch unter dem Namen Madame gesehen.«

»Vom süßen Moste des Birnbaums getränkt«

Friedrich Theodor Vischer charakterisierte einmal seinen eh schon wortkargen Freund Ludwig Uhland, er habe an lästige Besucher »einen prachtvollen stummen Holzbirnenkopf hinmachen können«. Wer einmal in eine holzige Mostbirne gebissen hat, weiß, was das bedeuten sollte.

Dagegen rühmte Mayer das Erzeugnis der durch Gärung veredelten herben Frucht: »unsere Bauern ziehen von ihren Bäumen öfters mehr als von allen ihren Äckern und Wiesen; ein mäßiger Baum gibt ein Fuder des besten Mosts, so für 40, 50, auch 60 Gulden verkauft wird […] dieser Birnwein, welcher sich zwei, drei Jahre erhält, die Farbe so schön hat als der beste Rheinwein, klar und hell wird, muß also wohl gut sein, dem geringen Traubenwein gleich zu kommen [...] er ist zwar nicht das Getränke verzärtelter Gaumen«, aber »bei Heerzügen leistet er unseren Bauern eine mächtige Hülfe; der Soldat zieht ihn dem Wein aus den Gasthäusern vor.«

Und vollends ins Schwärmen geriet er beim Blick von Grünbühl über die Kupferzeller Ebene: Jeder Weiler und jeder einzelne Hof sähe mit seinen Baumgärten »einem Lustwäldgen ähnlich, über welchem die weißgetünchten Bauernhäuser froh, von stillvergnügten Landleuten bewohnet, herfürragen. Glückselige Sterbliche! Wie selig von dem berauschenden Getümmel der Städte entfernt, beim mütterlichen Herde gesättigt, vom süßen Moste des Birnbaums getränkt.«

Karl Schumm, der verdienstvolle Biograph Mayers, merkte dazu 1955 an, der Hohenloher Obstmost habe seinen guten Ruf bis zu Beginn des Zweiten Weltkrieges behauptet. Bis dahin hätten »die Bauern vom Ellwanger Gebiet, von Mittelfranken und vom Ries alljährlich Obst und Most aus Hohenlohe geholt. Diese Ausfuhr hat in den letzten Jahren bedeutend nachgelassen, der Weinbau selbst ist wieder im Zunehmen.«

Zwei Jahrhunderte lang ein Volksgetränk

Das galt für ganz Württemberg. Hier hatte Johann Caspar Schiller, Vater des großen Friedrich, im Einklang mit seinem Herzog Carl Eugen für Obstbaumkultur und Obstbaumalleen geworben: Der Anwuchs an Holz sei noch bedeutender als der Ertrag der Früchte; hinzu komme als Beitrag zur ästhetischen Erziehung, »die Verschönerung eines Landes« sowie »die Reinigung der Luft«. Selbst der touristische Aspekt glänzt bei Schiller senior schon auf: »es sollten gewisslich viele reisende Ausländer Lust bekommen, ein Land zu sehen, und sich darin aufzuhalten, wo man Meilenlang unter dem angenehmsten Schatten wandeln und an herrlichen Baumfrüchten sich ergötzen und sich damit erquicken kann«, heißt es in seiner »Baumzucht im Großen aus zwanzigjähriger Erfahrung im Kleinen« anno 1795.

1969 jedoch begann der Volkskundler Karl Häfner seinen Aufsatz über den Most mit der lapidaren Feststellung: »Weniger Laudatio als Nekrolog. Die hohe Zeit des Mostes ist vorbei, auch bei den Schwaben«. Vor dem Anlegen ganzer Obstplantagen habe es in manchen Ortschaften besondere Birengerichte mit einem Birenschultheiß an der Spitze gegeben, die das Sammeln der wilden und halbwilden Mostbirnen regelte, ein Zeichen dafür, dass die Birne lange wichtiger war als der Apfel, für Schnitz und Hutzel wie für den Most.

Von der Mitte des 18. bis zur Mitte des 20. Jahrhunderts war der Most Volksgetränk. Oft zitiert wird dazu das Stichwort Most aus Zeidlers Universal-Lexikon von 1741: »Ist gut für die Brüste, stärcket das Herz, befeuchtet wohl und löschet den Durst, dienet wider die Schwermütigkeit.« Der Jahresverbrauch einer vierköpfigen Familie von 2000 Litern und mehr galt als normal. Wenn das Fass nicht voll wurde, half man mit Wasser nach. Fürs Mostfass im Keller hatte der Küfer auch außerhalb der Rebgemeinden lange sein Auskommen. Besonders schmackhaft und haltbar war das aus beiden Früchten zugleich gepresste Erzeugnis: »Je rauher die Birne und je saurer der Apfel, desto besser der Most.« Bewährt hat sich die Mischung mit einem Drittel Birne.

Wo Schlehen zugesetzt wurden, glich das Produkt fast schon einem Schillerwein; das galt auch für die Holunderbeeren, die allerdings geschmacklich stärker durchschlugen. Als beste Zugabe gelten bis heute die daumennagelgroßen Früchte des selten gewordenen Speierlingbaumes, die selbst ja Äpfeln und Birnen im Miniaturformat gleichen. Im Fränkischen und Hessischen erreicht der Speierling mit dem Weinbauklima seine nördliche Grenze. Von den geschätzt etwa 4000 alten und damit fruchttragenden Bäumen in Deutschland wächst ein Zehntel allein im Tauberland um Mergentheim. Sorbus domestica mit seiner extremen Gerbsäure fällt die unerwünschten Eiweißverbindungen im Most aus, macht ihn klar und haltbar und gibt ihm ein weiniges Aroma.

Mit dem steigenden Wohlstand, der staatlich subventionierten Rodung der Streuobstwiesen, mit der allgegenwärtigen Reklame für pappsüße Markengetränke samt vorgegaukeltem Obstgehalt begann die Geringschätzung des herbsäuerlichen Mostes als Armeleutegetränk.

Das scheint sich allmählich zu ändern. Inzwischen subventioniert Vater Staat sogar den Streuobstbau wieder, wenn auch nicht mit den Summen früherer Rodungsprämien. Immerhin kann das pflegeleichte Plastikfass für den Most unbedenklich auch in den wärmeren Kellern der Neubauten gelagert werden.

Ein Denkmal für den letzten Wergeltrog

In Döttingen haben sich Eschentaler, Bachensteiner und Rüblinger Wasserläufe zum Forellenbach vereint, der hier in den Kocher fällt. Im Dorf fließt er, algengrün und steingefasst, am Schlössle vorbei. Am Bachufer gegenüber hat man dem letzten Werchltrouch Hohenlohes ein Denkmal gesetzt, mit Gedenkstein, Informationsstand und dem ungefügen Veteranen selbst, dessen Einbaum 1999 erneuert worden ist.

Ihrem letzten Wergeltrog haben die Döttinger liebevoll ein Denkmal aufgerichtet.

Der Wergeltrog eines Dorfes war ein ausgehöhlter Eichstamm oder Steintrog, den man mit Äpfeln und Birnen füllte. Ein aufrechtes, in der Mitte durchbohrtes Steinrad mit einer gelenkig befestigten Achsstange wurde an beiden Enden der Stange im Trog hin und her bewegt, der Saft der grob zerquetschten Früchte in einer Rinne aufgefangen. Die Maische, das sozusagen vorgekaute Obst, konnte in Wannen gesammelt und vollends in den Spindelpressen der einzelnen Höfe leichter ausgepresst werden.

»Des kummt vom Houalouer Mouschd«

Mit dem Aufkommen der transportablen Obstmühlen in den zwanziger Jahren hatte der steinzeitlich urtümliche Wergeltrog, an dem zur Herbstzeit bis in die Nacht gearbeitet wurde, ausgedient. Der ausgehöhlte Eichstamm wurde als Schweinetrog genutzt oder verfeuert, das Steinrad zu Schotter zerschlagen.

Praxis und Bänkelsang

»Für fünf Euro bück i mi net«, hörte Helmut Oparteny von einem Bauern, als er nach Mostobst fragte. Also las er mit seiner Frau Irmtraud selbst zweieinhalb Tonnen Äpfel auf. Als einer der ganz wenigen Langenburger besitzt er in der Hinteren Gasse, schlossnah, einen großen Gewölbekeller, ideal für seinen Mostausschank. Das begann nach einer Stadtführung, als man hinterher noch zusammenhocken wollte. Da er nur für das eingekaufte Vesper, nicht für die Mostprobe kassiert, hat ihm die Stadtverwaltung für seine »Original Hohenloher Mostprobe« eine Art Freibrief ausgestellt. Mindestens fünf, maximal 25 Gäste können hier einkehren. Ursprünglich bot der gelernte Elektriker, Jahrgang 46, nur die landesübliche Mostcuvee, ein Drittel Birne, zwei Drittel Apfel, an. Aber als er einmal zu hören bekam, das sei ja eigentlich keine Mostprobe, wenn nur eine Sorte ausgeschenkt werde, erwachte sein Ehrgeiz.

Inzwischen bietet er auch reinen Birnenmost und reinen Apfelmost sowie einen etwas milderen Frauenmost an. Keltern lässt er in Rot am See, wo sein Kontingent extra verarbeitet wird. Darauf legt er Wert. Und wie jeder, der auf seinen Eigenbau schwört, hütet er das Geheimnis seiner Mischung. Nur so viel verrät Oparteny: Die Schweizer Wasserbirne muss dabei sein, ebenso der fast grasgrüne säurereiche Bitterfelder Apfel. Dazu kommen, je nach Herbst, Bohnapfel, Boskoop, Wettringer Tauberapfel, Brettacher, Sonnenwirtsapfel, Kaiser-Wilhelm-Apfel sowie Öhringer Streifling. Froh ist er, wenn noch die oberösterreichische Weinbirne oder die Schlankelesbirne dazukommen.

Der Restmost wird zum Obstler ausgebaut, der seine Hefe behält. Als Spezialität lässt Oparteny seinen Blutwurzschnaps kosten; ein difteliges Geschäft, die fingerlangen, fingerdicken Rhizome zu stechen und zu reinigen. Aber ganze Rentner-

Generationen rühmen den braunen Tropfen als Lebenselixier. Vom Fürsten hat Oparteny einen Vogelnistkasten erhalten, der eine kleine Schnapsgarnitur birgt. Das sorgt auf seinen Führungen durch Wald und Flur für Heiterkeit.

Der gebürtige Langenburger Kurt Rösch, Jahrgang 1956, Musiker, Schriftsteller, Kabarettist, hat mit seinem eingängig verständnisinnigen Lied vom Hohenloher Most dem süffig herben Gewächs seiner Heimat landauf, landab neue Freunde gewonnen. Als Exempel seiner vielstrophigen Hymne mit der erbaulichen Einsicht »Des kummt vom Houalouer Mouschd« müssen hier ein paar Verse genügen:

»Wenn'd am Meendich uffwachsch, / an Bolla noch em Gsicht, / im Schdool, do blärret d' Viecher, / häwwa nix z' Fressa griacht. / Du kousch dein ohna Schdrumpf net finda, / s' Geeld, des fehlt dr au, / bam Nochber blärret kloane Kiind, / noch dir blärrt die Fraa, / do hoggsch de nou, wall d' nimme kouschd / und saufsch dein Houalouer Mouschd [...]«

Frauenherz und Donnerbart

ödelbronn ist ein Bilderbuchdorf unterhalb der Frankenhöhe in den warmen Farben des Keupersandsteins. Die Landstraße schlägt mitten im Ort einen Bogen und spart einen stattlichen Bauerngarten aus. Ein von Buchsbaumrabatten flankiertes Wegekreuz teilt den Garten in vier Quartiere. Aus dem Buchsbaumrondell in der Mitte ragen Kaiserkronen, Pfingstrose, Rittersporn und Madonnenlilie.

Feuerlilie, Eisenhut, Margerite, Löwenmäulchen und Dahlien blühen zwischen dem von Steinpfosten durchbrochenen Lattenzaun und den Gemüsebeeten, die mit Krautköpfen, Gurken, Buschbohnen, Salat, Zwiebeln, Möhren und Tomatenstöcken besetzt sind. Dazwischen nisten Borretsch, Dill, Liebstöckel und Lavendel. Erdbeeren und Johannisbeeren wachsen abseits. Vor dem grün gestrichenen Pumpbrunnen wie an der Hauswand blüht Oleander in Kübeln, weiß und rot. Ein Frühbeet glänzt in der Sonne, ein mannshoher Rosenstrauch duftet, weißblühender Knöterich schlingt über der Gartenpforte aufs Hausdach. Ein typisch altfränkischer Bauerngarten.

Gehören Kraut und Rüben zum typischen Bauerngarten an Tauber, Jagst und Kocher?

Ein typisch altfränkischer Bauerngarten? Wer bei der Familie des Hofes nachfragt, der erfährt, dass ein Rothenburger Stadtgärtner das Ganze 1925 in seiner heutigen Form angelegt hat, dass die Södelbronner den Hofbauern wegen seines Prachtiergartens verspotteten und ihm nachts die frischgepflanzten Buchsbäumchen ausrissen, weil sie nicht ins Dorf passten!

Der verzierte Nutzgarten am Haus

Das Heimweh nach der guten alten Zeit, neudeutsch als Nostalgie gehandelt, hat zu einer manchmal fast schon hektisch anmutenden Pirsch auf alte Bauerngärten verführt. Denn sie sind rar geworden, und die Klagen darüber selbst bemerkenswert alt. Ende des 19. Jahrhunderts klagte Rudolf von Fischer-Benzon in seinem Standardwerk »Altdeutsche Gartenflora«, dass man die seit dem Mittelalter angestammten Pflanzen des Bauerngartens kaum mehr in reiner Ordnung beisammen finde. Spätere Erkunder nahmen hin, dass längst auch Pflanzen aus ganz anderen Zeiten und Zonen jetzt Heimatrecht besaßen. Aber auch sie blieben auf eine Bestandsliste fixiert, die sich bis etwa 1870 eingebürgert hatte.

Woran soll man eigentlich den typisch fränkischen oder hohenlohischen Bauerngarten erkennen? An seinem Grundriss mit Wegekreuz und Rondell? Am immergrünen beschnittenen Buchsbaum als formendem Element? An der Dreifaltigkeit der Leitpflanzen Madonnenlilie, Rose und Schwertlilie? An einer exklusiven Sortenliste von Blumenstauden, Würzkräutern, Heilpflanzen und Gemüse? Am streng geschiedenen Nebeneinander oder am kunterbunten Durcheinander und Miteinander von Floralem und Nahrhaftem, Blume und Küchenkraut?

Eva Camerer aus Hall am Kocher, die sich jahrelang mit dem Thema beschäftigt hat, scheut differenziert eingrenzende und damit ausschließende Definitionen. Sie spricht vom verzierten Nutzgarten der Bäuerin am Haus. Denn selbst da, wo der aus den Klostergärten übernommene Grundriss geblieben sei, habe sich ein ursprünglicher Pflanzenbestand längst verwischt. Die Wende sei eigentlich erst nach dem letzten Krieg gekommen. Auf dem Land, wo man vorher Samen, Ableger, Knollen und Jungpflanzen untereinander getauscht hatte, waren nun die Kataloge der großen Gartenfirmen greifbar. Typisch so die Antwort auf die Frage nach dieser oder jener Blume: »Ja, da hätten Sie 40 Jahre früher kommen müssen, meine Mutter hatte das noch!«

Mit Ackerbau und festen Gehöften entstand seit der Jungsteinzeit der erste hausnahe Bauerngarten. Das war ein von Dorngestrüpp oder Flechtwerk eingehegtes Stück Land; in dem Wort Garten steckt ja die Gerte, die man zu lebenden Zäunen, zum Gartenhag, verflocht. In diesen ersten Gärten wuchs lan-

Dorfhonora-tioren konn-ten sich, wie der Bächlinger Mosesmüller, eine Laube leisten.

ge nicht viel mehr als Erbse, Linse, Kraut, Rettich, Gelbe Rübe, Lauch, Pastinake und Kümmel. In der späten Bronzezeit kam die Ackerbohne hinzu. Wald und Flur boten damals ja noch Wurzeln, Wildgemüse, Wildsalat, Beeren, Pilze und Kräuter genug. Im Bauerngarten wurden dann aber auch Zwetschge, Kirsche, Birne und vor allem der Wildapfel kultiviert. Übers Limesland kamen üppigeres Obst, Dill, Thymian, Schlafmohn, Sellerie und Zwiebel hinzu.

Heil für Leib und Seele

Viele einheimische Pflanzennamen hat erstmals Hildegard von Bingen überliefert.

Nachhaltig haben dann die Klöster mit ihren landwirtschaftlichen Musterbetrieben den ländlichen Garten bereichert. Immer wieder wird dabei das karolingische »Capitulare de villis« genannt, das einen Katalog von 73 Gartengewächsen und 16 verschiedenen Obstbäumen für die Krondomänen vorschrieb. Hier erscheinen auf den ersten Blick scheinbar zwecklos schön blühende Gewächse, die jedoch als Heilpflanzen galten, wie Madonnenlilie, Rose oder Schwertlilie. Das Capitulare endet: Und der Gärtner soll auf seinem Hausdach Jovis barbam, den Jupiterbart, den Donnerbart, also die Hauswurz, haben.

Dass seelisches Heil und leibliche Heilung zusammengehören, verstand sich damals von selbst. So war der Garten am Haus auch die grüne Apotheke der Bäuerin. Bis zum Überdruss wird von den Kulturhistorikern betont, die Klöster hätten unseren Vorfahren den Heilschatz der Antike überliefert. Aber Mönche wie Nonnen haben sich auch den Erfahrungsschatz der heimischen Kräuterweiber, Wundärzte und Einödbauern angeeignet. Der Klostergarten wurzelt im Humus beider Traditionsschichten. Kronzeugin dafür ist die, übrigens nie heiliggesprochene, Hildegard von Bingen, die oft zum ersten Mal heimische Heilkräuter erwähnt – Akelei, Beifuß, Eisenkraut, Hirschwurz, Königskerze oder Schlüsselblume.

Kaum mehr vorstellbar ist für uns, dass bis weit in die Neuzeit hinein im Dorf der Großteil der täglichen Nahrung in Sichtweite des eigenen Kirchturms erzeugt wurde. Auch der Garten am Haus diente lange ausschließlich der Selbstversorgung, vom Kräutertee bis zum Krautkopf. Spät erst stellten sich Pflanzen ein, die weder als Würzkraut oder Droge, Wundkompresse oder Gemüse taugten, Gewächse, die einfach nur dekorativ waren, blühten, dufteten, gefielen, Blumen also, die weithin unser Bild vom Bauerngarten eingefärbt haben.

Nur Modeblumen reproduziert?

Die Volkskunde kennt die These vom gesunkenen Kulturgut. Danach wurden Stil und Mode für Hof, Kirche, Adel und wohlhabendes Bürgertum produziert, um dann verspätet, vergröbert, als Folklore beim Landvolk weiterzuleben. Das gelte für Tracht, Möbeldekor, Volkslied und Bauerngarten, der in seinem Grundriss den klösterlichen Hortulus wie den höfischen Garten und mit seinem Flor die Modeblumen der führenden Kreise reproduziert habe, vom Goldlack der ritterlichen Kreuzfahrer bis zu den Zwiebelgewächsen des barocken Großbürgertums. So anfechtbar die These im Detail auch sein mag, für den Bauerngarten trifft sie im Wesentlichen zu, nur dass hier nicht von ungefähr ein regional verblüffend gleichartiges Sortiment übrig blieb. Denn die Bäuerin hatte einfach keine Zeit für Experimente und aufwändige Pflege bloßer Prestigegewächse. Für sie kamen nur anpassungsfähige, robuste Kinder Floras in Frage. Was dabei herauskam, kann man als bewährte bunte Prachtmischung bezeichnen.

Unabdingbar für die Aufnahme von Zierpflanzen war, dass neben dem Küchengarten und Baumgarten auch noch ein Krautgarten, meist außerhalb des Ortsetters, da war. Auf diesen Stücken hat man natürlich auch anderes Gemüse gepflanzt und es, vor dem Feldanbau, mit den ersten Kartoffeln probiert. Nachteilig blieb, dass diese Krautgärten dem kleinen Zehnten unterworfen waren, während die Gärten innerhalb des Dorfetters von Abgaben an den Grundherrn befreit waren.

Sonntägliche Siesta im altfränkischen Bauerngarten. Zeichnung von Conrad Scherzer.

Die Dorfehrbarkeit ging voran

Noch in der Haller Oberamtsbeschreibung von 1847 heißt es, der Gemüsebau der Dörfer beschränke sich »auf Salat, Kraut und Rüben«. Und weiter: »Beinahe vor jedem Hause auf dem Lande liegt jedoch ein Küchengärtchen, und jedes ist mit einem Blumenbrett geziert, von dessen Blumen und Kräutern zum Kirchgange, zu Taufen und Hochzeiten, Sträußchen gebunden werden. Ein solches Blumenbrett gehört auch auf den Brautwagen, auf welchem die junge Frau in ihr neues Haus einzieht.«

Als sich im 18. Jahrhundert mit dem Anbau von Futterpflanzen der Viehbestand mehrte, setzte eine rege Bautätigkeit im Hohenlohischen ein. Damals entstanden die Bauerngärten mit Buchsquartieren, einfachem oder doppeltem Rondell, Gartenhäuschen oder Laube. Leisten konnte sich das nur die Dorfehrbarkeit, also die wohlhabendsten Bauern, der Pfarrer, der Schildwirt, der Müller. Bekannt ist der nahrhaft bunte Garten der Bächlinger Mosesmühle. Die 1836 geborene Ahne hat ihn angelegt; ihr Grabstein steht mittendrin. Hier blühen Rosen, Lavendel, Phlox, Löwenmäulchen, Ringelblume, Akelei, Feuerlilie, reifen Krautköpfe weiß und blau, Mangold, Kopfsalat, Zucchini, Zwiebel, Lauchstangen; Meerrettich bildet wahre Wedelwälder,

Buchsbaum gibt dem Frick'schen Garten in Rüsselhausen seine immergrüne Struktur.

Dill türmt sich, Borretsch blaut, hummelumbrummt. Am Rand der vier Quartiere stehen Beerenbüsche. Gartenlaube und Gartenkugeln gehören dazu.

In Elzhausen bei Braunsbach blieb der Sommergarten erhalten, den der Hofbesitzer samt Baumgarten um 1800 aquarelliert und mit »Frommen Gedanken in der Einsamkeit« bedacht hat. Nach dem Vorbild eines traditionellen Gartens in Kocherstetten wurde im Hohenloher Freilandmuseum Wackershofen der Bauerngarten beim Weidnerhof angelegt. Anton Stiglmair, Uschi Wyputta und Heinrich Mehl haben 1988 in ihrem Begleitbuch zu diesem Museum »Tiere und Pflanzen im alten Dorf« eindringlich dargestellt.

Der heutige Bauerngarten ist ein Kosmopolit. Aus Nordamerika kamen Sonnenblume, Goldrute, Phlox, aus Südamerika Kapuzinerkresse, Kokardenblume, Fuchsie, Tagetes und Dahlie, in der älteren Literatur noch als Georgine aufgeführt. Ostasien und der indische Subkontinent brachten Rittersporn, das Frauenherz oder Tränende Herz, aus Südeuropa und dem Vorderen Orient stammen Tulpe, Kaiserkrone und Bartnelke. Frauenherz und Donnerbart ist dieses Kapitel überschrieben – ihrer wenigstens sei kurz gedacht.

Tränendes Herz und Hauswurz

»Seit undenklichen Zeiten gehört das Tränende Herz in die Bauerngärten«, lesen wir in einem der hastig zusammengeschriebenen Bücher jener literarischen Konjunkturritter, die vom neu erwachten Interesse am Bauerngarten profitieren wollen. Diese undenklichen Zeiten sind gerade mal an die hundert Jahre her. 1847 kam die Pflanze von den Bergwiesen Ostasiens und den Gärten der Mandarine nach Europa. Um 1900 blühte sie bei uns jedoch schon landauf, landab. Einem biedermeierlichen Geschmeide aus Urgroßmutters Schmuckschatulle gleicht das gläsernrote Blütenherz, an dem eine Perle zu hängen scheint. Flammendes Herz, Blutendes Herz, Herz-Jesu-Glöckle, Ohrgehänge, Frauenherz lauten nur ein paar Synonyme für das buschig zierliche Mohngewächs mit seinen überhängenden Blütenrispen.

Eine barocke Blumenfülle zeichnet bis heute die Bauerngärten Hohenlohes aus.

Auf Mauern, Dachfirsten, Torbögen, Torpfosten, Brunnen-säulen siedelt der Donnerbart, die Hauswurz, das Sempervivum tectorum, das Immergrün der Dächer. Aus dem Polster der graugrünen, an den Spitzen leicht rötlichen Rosettenblätter ragt der Blütenstängel. Wachsschicht, Schuppen, Rosette und wasserspeichernde Zellen gehören zu der klassischen Sahara-Ausrüstung der genügsamen Hauswurz. Sie horstet auf Stein und Staub, trotzt sengender Hitze und klirrendem Frost. Wie die alte Bezeichnung Jovis barba, Jupiterbart, verrät, war sie dem Donnergott geweiht und sollte das Haus vor Blitzschlag bewahren; aber nur die Hauswurz, die sich von selbst angesiedelt hat, kann das Anwesen schützen. Blüht der Donnerbart einmal weiß, so steht Unglück ins Haus.

Der Bauerngarten, ursprünglich ein reiner Nutzfleck, hat sich im Lauf der letzten Jahrhunderte zu einem in sich ausgewogenen verzierten Nutzgarten entwickelt. Nicht nur in den ländlichen Neubaugebieten, auch auf vielen alten Arealen ist daraus ein nutzloser Ziergarten geworden, ein Abklatsch städtischer Vorgärten: Monotoner Rasen, exotische Bodendecker, Beton statt Stein und Holz, dazwischen irgendeine Konifere, so unverwüstlich und uniform wie ein Kunststoffprodukt. Mit Blumengehängen sind dafür eine abgedankte Mostpresse, der Steintrog des früheren Schweinekobens oder der ausrangierte Schubkarren drapiert.

Frauenherz und Donnerbart

»Der Weg war das Ziel«

So beschreibt Jutta Frick das Werden ihres ländlichen Refugiums, das sie mit ihrem Mann Günter geschaffen hat. Beide suchten ein altes Bauernhaus. »Ich hab gewusst, wie es aussehen muss«, und als sie im Sommer 1997 vor dem heruntergekommenen einstöckigen Anwesen in Rüsselhausen standen, war klar: »Das isses.« Der einsam hausende Kleinbauer war verstorben. Die anderen Interessenten wollten abreißen und im Herzen

Wuchtige Wehrkirche und Bauerngarten sind mitten im Dorf Rüsselhausen vereint.

des Dorfes neu bauen, ein Schrotthändler plante hier sein Lager anzulegen, neben der Kirche mit dem gotischen Wehrturm im Aspachtal. Die Dorfgemeinschaft war einsichtig genug, das alles zu verhindern.

Im Oktober bekam das Ehepaar den Zuschlag für Wohnhaus, zwei Scheuern, davon eine mit Stall, und Hühnerhaus, all das mehr in Grau als in Grün getaucht. Das Backhäusle war schon abgebrochen worden. Noch während des Winters begannen die beiden mit dem Umbau des Hauses, dem Einbau einer Heizung, dann mit dem Freilegen des Fachwerks. Die bemalte Truhe von 1735, zuletzt Depot fürs Hühnerfutter, kam wieder zu Ehren. Die altmodische Badewanne hatte ein Händler schon in den Container gewuchtet. Eine schöne alte Türe hatte im Nachbardorf einen Holzstoß gedeckt. Und mit Trouvaillen auf dem Flohmarkt ging es weiter. Der Geschmack fügte die Gegensätze zur Harmonie.

Von Anfang an hatten die Fricks die Anlage eines traditionellen Bauerngartens vorgesehen. Der greise Küster Gotthardt war davon begeistert und stiftete hunderte von Buchsbaumschößlingen; sie waren beim Schneiden der immergrünen Bestände um die Kirche angefallen, und er hatte sie in seinem Bachgarten anwurzeln lassen. So konnte schon im folgenden Frühjahr die grüne Geometrie des Gartens abgesteckt und bepflanzt werden. Auf die spöttisch-dumme Frage eines Zaunguckers, was das Buchsbaumrondell, der Kreisverkehr, in der Gartenmitte bedeuten solle, entgegnete ihm Frick: »Damit die Schnecken wissen, wo sie einbiegen müssen!«

Seitdem blühen in dem Garten Rose, Päonie, Lilie, Iris, Frauenmantel, Phlox, Rittersporn, Blauer Eisenhut, Glockenblume, Schlafmohn, Bartnelke, Kartäusernelke, Fetthenne und Gilbweiderich. Beneidenswert ist die Fülle der Gewürzkräuter mit Estragon, Salbei, Lavendel, Thymian, marokkanischer Minze, Oregano, Schnittlauch, Thymian, Zitronenmelisse. Fachwerk und Blumenbunt spiegeln sich in den aufgesteckten Gartenkugeln. Efeu und Wilder Wein schlingen sich im Hintergrund. Holunder, Hasel und Walnussbaum schatten. Eine Hangquelle speist den aufgemauerten Brunnen. Eine Scheuer dient als Festhalle, das Hühnerhaus beherbergt die Enkel auf Besuch. Und wenn die beiden Fricks auf ihrer Terrasse die anderthalb Jahrzehnte mühsamer Arbeit an ihrer kleinen Schöpfung bedenken, können sie sagen: Und siehe, alles war gut.

Carlsberger Prospect

Prospekt des barocken Lustschlösschens Carlsberg über Weikersheim von 1747.

uhaus im Flur hängt ein altkolorierter Kupferstich, jeweils einen halben Meter im Geviert, laut wappenprangender Kartusche dem Grafen Carl Ludwig von Hohenlohe-Weikersheim als »prospectischer Plan« 1747 von der Nürnberger Offizin der Homannischen Erben gewidmet. Er zeigt das Lustschlösschen auf dem Carlsberg mit dem

Auch die Buchkunst der damaligen Zeit – hier eine zeitgenössische Vignette – betont Symmetrie und Blumenornamente.

Tauberlauf zwischen Röttingen und Markelsheim und einem Nebenplan des Residenzstädtchens. Von dem eigens abgegrenzten kreisrunden Areal des Schlösschens, umgeben von vier symmetrisch platzierten Pavillons, strahlen sternförmig Wege ins Laubgrün des Waldes. Sie enden an der Mauer des Wildgeheges. Die Südallee führt zum Gelben Haus, als Neuer Saal bezeichnet; etwas seitab ist der Schweizerhof als Ökonomie eingezeichnet, und im Südosteck der Mauer das Jägerhaus. Unterhalb des Gelben Hauses erscheint die Signatur des Rebstocks für den teilweise ebenfalls ummauerten neu angelegten herrschaftlichen Weinberg samt Kelterhaus. Lindenalleen führen nach Schäftersheim und Weikersheim, vorbei am Hochgericht, dem Galgen.

Die bewaldete Höhe hieß die Hardt, war also Weidewald. 1679 wurde hier erstmals ein gräflicher Tiergarten genannt. Der 1674 geborene Carl Ludwig, der mit 35 Jahren als regierender Herr in Weikersheim aufzog, gab seiner Residenz das barocke Gepränge. Sein Bauprogramm finanzierte er mit der Mitgift seiner zweiten Frau, einer Oettinger Prinzessin, und den Erlösen aus dem Weinhandel.

Ab 1727 ließ der Graf das 80 Hektar große Wildgehege mit einer viereinhalb Kilometer langen Mauer aus Bruchsteinen des Muschelkalks einfrieden. Den Baumeister Johann Christian Lüttich, Schöpfer der Orangerie im Hofgarten, beauftragte er mit dem Projekt Carlsberg. Vorbild war die Schönborn'sche Eremitage Waghäusel. Und vielleicht hat der Carlsberg selbst wieder Modell für das westfälische, ungleich prachtvollere Jagdschloss Clemenswerth gestanden; dessen Bauherr, der Wittelsbacher Clemens August, in Personalunion Kölner Kurfürst und Hochmeister des Deutschen Ordens in Mergentheim, hat als passionierter Jäger den nachbarlichen Carlsberg sicher gekannt.

Nach dem Jägerhaus und dem Schweizerhof ging es an den Bau des zentralen Schlösschens und seiner vier zweistöckigen Nebenpavillons: Küchenbau, Gärtnerbau, Kavaliersbau und Fräuleinpavillon. Als Arbeiter waren Taglöhner, Soldaten des Fränkischen Kreisregiments sowie um ihres Glaubens willen vertriebene Salzburger am Werk.

Ein Farbenwunder im Laubgrün

Ältere Ansichten, erhaltene Inventare und Baurechnungen vermitteln ein Bild des längst verschwundenen Schlösschens. Über einem hochgelegenen Kellergewölbe erhob sich der zweistöckige quadratische Bau. Jede Schauseite wies einen mittelrisalitartigen Vorsprung, drei Fensterachsen, einen Dreieckgiebel sowie kleine vergitterte Balkone auf. Die übermannshohen Figuren der damals bekannten vier Erdteile flankierten die Giebel. In den Ecken beider Obergeschosse lagen jeweils vier Zimmer. Vom ersten Stock führten zwei Treppen zu dem von einer schieferverkleideten Kuppel überwölbten, von Oberlichtern erhellten runden Festsaal. Beheizt wurde der Bau höchst originell: Vier marmorverkleidete Säulen dienten nicht nur zur Dekoration, sondern auch als Kamine für den Rauchabzug.

Zeichnerische Rekonstruktion der symmetrischen Anlage nach Hermann Heuss.

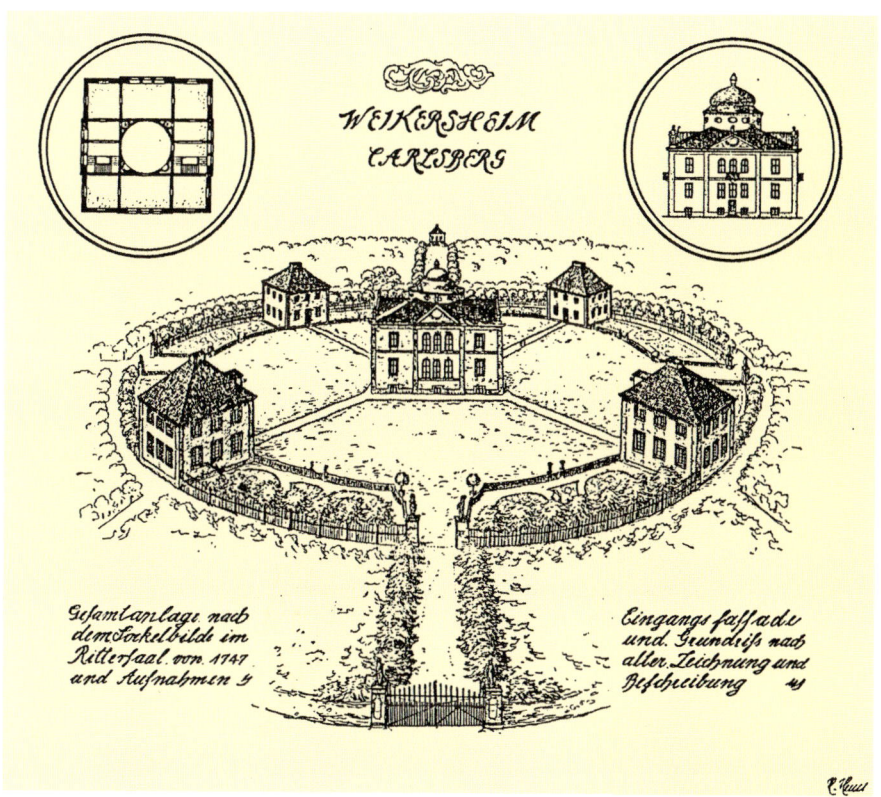

WEIKERSHEIM CARLSBERG

Gesamtanlage nach dem Sockelbild im Ritterssaal von 1747 und Aufnahmen y

Eingangs fassade und Grundriss nach alter Zeichnung und Beschreibung y

Das Ganze bot ein ungemein farbiges Bild. Die Fassaden waren grau und sandgelb verputzt, die Balkone blau mit vergoldetem Gitterwerk, die Figuren und Postamente ringsum in Delfter Weiß und Blau gehalten, und dies alles vor dem grünen Gobelin des Laubwaldes. Hinzu kamen bunte Zierbeete und Kübelpflanzen sowie ein Kranz gestutzter Bäume in dem Rondell um Lustschloss und Pavillons; außerhalb, am Waldrand, standen steinerne Tische und Bänke, farbig marmoriert.

Den Haupteingang zum Carlsberg flankierten zwei Pfeiler mit sandsteinernen Wächterfiguren, die seit dem letzten Weltkrieg verschollen waren und in Bächlingen in einer Scheune wiederentdeckt wurden. Eine Figur weist einen Schild mit Jäger, Hirsch und Hase, darüber ein Beil, das eine Hand abhackt, beredte Warnung vor Wildfrevel.

Neben teils recht locker geschürzten Statuetten standen auf der Rondellmauer auch antike Götterfiguren. Helmut Herrmann hat die Erinnerungen des Weikersheimers Otto Kienzle überliefert, der den Kriegsgott Mars so beschrieb:»Auf seinem Haupt sitzt ein griechischer Helm, in der linken Hand trägt er den kurzen Schild eines römischen Legionärs, während die Füße bekleidet sind mit den eleganten Stiefeln aus spätrömischer Kaiserzeit, ein Ritterhelm aus dem 14. Jahrhundert liegt als Reserve auf dem Postament, dazu eine Anzahl Kanonenkugeln, und die rechte Hand hält eine leibhaftige Pistole.« Leider ist dieses anachronistische Kuriosum verschwunden, während die kleineren Skulpturen samt den Giebelfiguren des Schlösschens wenigstens zum Teil drunten im Rosen-Entree des Stadtschlosses sowie im Hofgarten eine Bleibe gefunden haben.

Die kostspielige Ausstattung ist in einer Liste mit 637 Stücken überliefert, von den weißen Fenstervorhängen über Spiegel, Marmortische, Wanduhren, goldlederne Sessel und Taburetts, also Hocker, Schreibtische, Spieltische, Bettladen, Intarsienmöbel, Lavoirs, Vasen, Wandleuchter, Geschirr, bis hin zu Porzellanfigürchen und Bildern, davon allein 89, groß und klein, im Zimmer des Grafen. Zwischen versilberten Stuckaturen leuchteten Fresken und bemalte Tapeten, vor allem Jagdszenen, aber auch eine Bilderfolge der Robinsonade nach Daniel Defoe sowie der Aesop'schen Fabeln. Die meisten Künstler stammten aus der Region wie der Öhringer Hofzimmermeister Georg Peter Schillinger, die Bildhauerfamilie Sommer aus Künzelsau, der Crailsheimer Maler Thalwitzer, der Stuckateur Babolitsch aus Aub.

»Solange Hohenloh die Flamme hoch wird führen«

Im Sommer 1736 konnte Graf Carl Ludwig sein Tusculum einweihen. Der Kanzleidirektor Georg Tobias Pistorius, der übrigens die Autobiographie des Götz von Berlichingen erstmals im Druck herausgegeben hat, feierte das Ereignis in Versen: »Hier steht der Carlsberg nun / Sein Bau der ist vollführet / Vortrefflich eingericht / und herrlich ausgezieret […] / Da ist des Weinbergs Lust, die kostbar Trauben bringet / Hier sitzt die Nachtigall so in dem Frühling singet / Da stehn die schönsten Bäum / So Aug und Mund behagen / Und Früchte wie das Horn / Des Überflusses tragen / Hier laß Diana auch zur Lust ein Wild erlegen / welch alles dem Gemüt Vergnügen laß erregen […]«

Und er schließt mit dem fromm verwegenen Wunsch: »So steh denn Carlsberg fest, dein Grund soll niemals weichen / Du sollst die längste Zeit in dieser Welt erreichen / So lange Hohenloh die Flamme hoch wird führen / So lange soll dich auch Carl Ludwigs Ruhme zieren […]«

Drastisch wird am Portal des Jagdschlösschens Carlsberg vor Wildfrevel gewarnt.

Ein Eiskeller, 1735 rechts des Hauptweges vom Tor zum Rondell ausgehoben und 2004 gründlich erneuert, sorgte in den folgenden Sommern für gekühlte Speisen und Getränke des Hofes, bis hin zu Austern. In den drei Meter breiten, fünf Meter tiefen Schacht kam im Winter das gebrochene Eis aus dem Seegarten beim Heiligen Wöhr. Dazu wurde das Wasser der Vorbach in halbmeterhohe Reservoire geleitet, das Eis gebrochen und zum Keller hochgekarrt, wo es, brunnentief gestapelt, konstante Temperaturen um null Grad bis in den Spätsommer wahrte.

1742/43 kam das Gelbe Haus am Ende der Südachse hinzu, ein zweistöckiger freskengeschmückter Saalbau mit zweiläufiger Freitreppe. Aus seinen Fenstern bietet sich ein bezaubernder Blick ins Steinriegeltal der Vorbach um Laudenbach; aus dem Wald blitzt die Madonnenfigur vom Turm der Bergkirche.

Der Erbprinz stürzte auf verwegenem Ritt

Das unbeschwerte höfische Treiben endete jäh im Sommer 1744, als der 28 Jahre alte Erbprinz Albrecht, nach neunjähriger Ehe noch kinderlos, auf einem nächtlichen Ritt zum Carlsberg stürzte und nach wenigen Tagen verstarb. Darf man Franz zu Sayn-Wittgenstein glauben, so hatte Albrecht gewettet, dass er vom Residenzschloss in zwanzig Minuten zum Carlsberg hoch und wieder zurück reiten könne. Als er in der Gruft der Stadtkirche beigesetzt wurde, galt die Leichenpredigt dem Spruch aus dem Johannesevangelium: »Denn also hat Gott die Welt geliebt […]«

Am 24. September 1755, seinem 81. Geburtstag, feierte Carl Ludwig zum letzten Mal auf seinem geliebten Carlsberg. Als er

Am Ende der Südallee bietet das Gelbe Haus einen Blick ins Tal der Vorbach.

im Mai darauf starb, erlosch mit ihm die Weikersheimer Linie der Hohenlohe. Das Erbe trat erst die Öhringer, dann die Langenburger Linie an. Die neuen Herren kümmerten sich kaum um das entlegene Lustschlösschen, stiegen auch nur gelegentlich zur Sommerfrische in Weikersheim ab. Der Regen drang in die Bauten auf dem Carlsberg ein. Dafür wurde dieser nun zum Ziel der bürgerlichen Spaziergänger. 1782 veröffentlichte Johann Friedrich Mayer, Pfarrer in Kupferzell und Reformator der hohenlohischen Landwirtschaft, vordergründig als Übersetzer, in Wahrheit als Autor die Beschreibung »Romanj eines edlen Wallachen Landwirtschaftliche Reise durch verschiedene Landschaften Europas«. Der gebürtige Herbsthäuser hatte in Weikersheim die Lateinschule besucht und bezeichnete die Hardt als Rauhhecke, also vormals Wildnis, von der sich die barocke Anlage umso vorteilhafter abhob.

In Vers und Prosa gerühmt

»Blumen, Laubwände, Gänge, grünes Gebüsch, hohe Fichten, durch diese das Säuseln des Windes, der Schatten wider die Hitze, das tausenderlei Schwirren und Singen der Vögel, und dazwischen der laute, vernehmliche und verstandvolle Schlag der Nachtigall in Büschen und auf Bäumen, unter welchen Hasen, Rehe, Damhirsche und wilde Schweine, welche letztere in ihren eigenen Behältnissen eingeschlossen sind, ruhen, äsen, aufhorchen; die gegen Süden angelegten, in voller Kraft anwachsenden Weingärten […], viele andere Obstbäume von den besten Sorten, viele sanfte Rasenbänke und Lufthäusgen […] machten den Sommeraufenthalt zu einem solchen, der an den paradiesischen grenzte, den der hohe Schöpfer«, also Carl Ludwig, »alle Sommerzeiten auswählte und ihm den Namen Carlsberg beilegte.«

Mayers Impressionen leben noch ganz von der Erinnerung an die herrschaftliche Zeit. Anders ein »C.F. in A.«, hinter dem sich ein Herr Fischer aus Adelsheim verbarg, der anno 1804 seine »Reise nach Weikersheim und auf den Carlsberg« als »Versuch in Versen nach Blumauer'scher Manier« veröffentlichte. Das Poem umfasst 80 Strophen zu je sieben Zeilen. Der Wärter der Anlage geleitete den Autor und seinen Freund abends vom

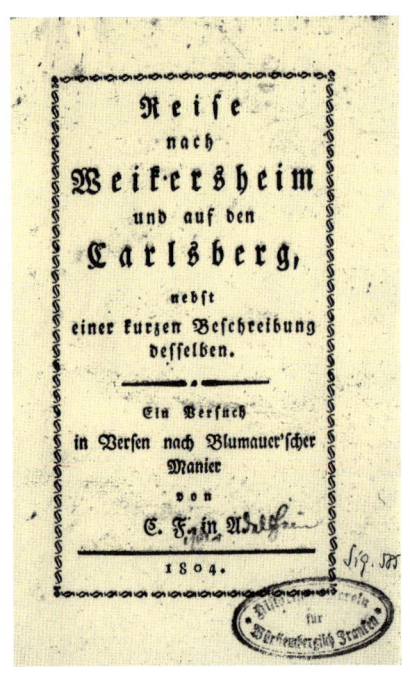

Die spätere bürgerliche Ära wird in dieser gereimten Reisebeschreibung lebendig.

Städtchen hoch auf den Carlsberg, wo die beiden übernachteten und am Morgen das Revier mit dem Wildgehege erkundeten:

»Um den geräum'gen Schlosshof, der / Mit vielem Fleiß planieret, / Ist eine Mauer ringsumher / Im Zirkel aufgeführet, / Und Lindenbäume groß und schön, / Die an der Mauer Rücken stehn, / Umgeben ihn von außen […] / Das Schloß ist zwei Etagen hoch; / Gleichseitig aufgeführt / Und oben mit Statüen, jedoch / Ganz einfach nur, verzieret. / Zwölf Zimmer hat es, groß und klein, / Von diesen allen ist allein / Der runde Saal vorzüglich. / Die meisten sind jetzt eigentlich / Nur wenig noch meubliret, / Doch viele hübsch und ordentlich / Gemalt und tapezieret. / Die vier Weltteile fanden wir, / Wie Robinsons Geschichte, hier / Gemalt auf Wachstapeten […]«

Und so fort. Fischer lobte die damals noch offene Aussicht von den vier Hauptalleen aus. Im Untergeschoss des Gelben Hauses konnten die Besucher Billard spielen, daneben gab's eine Kegelbahn. So kann er weiter reimen:

»Sobald die schöne Jahreszeit / Erscheint, so lang sie dauret, / Bis es hagelt, stürmt und schneit / Und dann der Carlsberg trauret / Wird er sehr stark besucht; man kann / An Sonn- und Feiertägen dann / Hie viele Menschen finden […] / Ein Mann von ächter Biederkeit / Bei dem wir hier logieret / Und der auf unsrer Tour uns heut / Begleitet und geführet – / Ist als Hofgärtner angestellt, / Und unter seiner Aufsicht hält / Der Carlsberg sich in Ordnung. / Man sieht ihn schon in Tätigkeit / Am allerfrüh'sten Morgen / Und stets mit Unverdrossenheit / Auch für das Kleinste sorgen. / Wann er dann nach der Arbeit ruht, / Schmeckt ihm sein Pfeifchen doppelt gut / Im Zirkel seiner Lieben.«

1861 fiel die frühere Herrschaft Weikersheim an die Langenburger Linie. Zwei Jahrzehnte zuvor hatte es auf dem Carlsberg die letzten größeren Reparaturen gegeben. Die Bauakten schweigen sich ab 1852 aus. Laut mündlicher Überlieferung wurde das baufällige Schlösschen Anfang der sechziger Jahre abgebrochen. An seiner Stelle ragt heute monarchisch eine 1872 gepflanzte Linde. Auch zwei der vier Pavillons verschwanden samt der Mauer ums Rondell. Als im gesegneten Weinherbst des Jahres 1865 der Wanderprofessor Wilhelm Heinrich Riehl auf seinem berühmten »Gang durchs Taubertal« nach Weikersheim kam, notierte er nur noch: »[…] verkündet der ummauerte Wildpark und die schöne alte Lindenallee schon von fernher die fürstliche Residenz des 17. Jahrhunderts.« Auch diese Allee ist seitdem verschwunden.

Schützenlöcher und Pfarrkränzchen

Nach 1933 zog die Hitlerjugend ins Gelbe Haus ein. Dann wurden Anfang April 1945 auf dem Carlsberg Schützenlöcher ausgehoben; als amerikanische Panzer in den Wildpark eindrangen, lagen dort, wie Helmut Herrmann berichtet, drei gefallene junge Wehrmachtssoldaten. Ausgebombte Würzburger, dann vertriebene Sudetendeutsche zogen kurzfristig in die beiden Pavillons ein. Der aus Böhmen geflüchtete Kunstmaler Prinz Constantin, der Schloss Weikersheim in seine Obhut nahm, quartierte im Kavaliersbau seinen Lehrer Otmar Frass von Friedenfeldt samt Familie ein, der dann drunten im Schloss eine Malschule eröffnete. Elektrischen Strom gab es damals auf dem Carlsberg so wenig wie eine Wasserleitung; dafür sprudelte der Hirschbrunnen.

Im Eiskeller von 1735 wurden Speisen und Getränke des Hofes gekühlt.

Schon im späten 19. Jahrhundert hatte sich hier oben das Pfarrkränzchen der Geistlichen aus dem fürstlich hohenlohischen Patronatsbezirk, immerhin 19 Gemeinden, getroffen. Daraus ging ab 1923 das Carlsbergfest der Evangelischen Kirche mit bis zu 2000 Besuchern hervor. Für ein Passionsspiel verwandelte sich das Gelbe Haus 1949 zum Palast des Pilatus. Mitte der fünfziger Jahre tummelten sich wieder borstige Schwarzkittel und Hirsche auf dem Carlsberg. Wenn der Langenburger Fürst zur Jagd auf die halbzahmen Wildschweine blies, war auch Prinz Philip, der Schwager des früh verstorbenen Fürsten Gottfried, mit von der Partie. Als letzter Parkwächter wohnte seit 1930 Friedrich Bach mit seiner Familie im Küchenpavillon. Er hielt die Wege instand, mähte die Wiesen, fütterte das Wild und drehte seine tägliche Inspektionsrunde um die Gehegemauer. Seine bescheidene Landwirtschaft galt der Selbstversorgung, doch schätzten auch Besucher seine frische Milch, die selbst bereitete Butter und das Brot aus dem mittlerweile abgebrochenen Backhäusle.

Der alte Friedrich Bach verließ 1969 den Carlsberg. Im gleichen Jahr schaute ich mich da oben um:»Dieses Gelbe Haus ist nun etwas ganz Entzückendes und unbedingt Erhaltenswertes. Der quadratische Saalbau ruht auf halb versenktem Erdgeschoß. Aus den Fugen der zweiläufig gebrochenen, mit schmiedeeisernem Gitter versehenen Freitreppe sprossen Farn und Brennessel und Löwenzahn. Fenster und Türen sind mit Holzläden verschlossen. Durch die Ritzen erspäht der Blick verblichene Fresken an den kahlen Wänden. Jagdhornschall und Becherklingen fröhlicher Sauhatzen und Lustpartien birgt das Gelbe Haus. Mit seinen blinden Fenstern scheint es ganz nach innen, der Erinnerung zu leben und ist doch geschaffen für weinreiche Feste und geistreiche Gäste.«

Feudale Jagd und Forstwirtschaft

Nach dem Brand von Schloss Langenburg hatte Fürst Kraft 1964 das Wildgehege als zu kostspielig aufgegeben. Der Ruin des Gelben Hauses schritt fort. 1928, so Karl Friederich, der damals als Architektur-Eleve Bauaufnahmen fertigte,»waren noch die ge-

samte Originalbemalung, alle eichenen Fenster, Türen mit anti-
kem Glas in Bleisprossen, mit ausgezeichneten Beschlägen aus
der Erbauungszeit vorhanden«. Jetzt boten zertrümmerte Türen
und Läden, abgebrochenes Zubehör, eingeschmissene Fenster-
scheiben, das von Steinwürfen undichte Dach einen trostlosen
Anblick. 1977 erwarb die Stadt Weikersheim endlich das Gelände und sanierte die Anwesen. Das in die Wetterfahne des Gelben Hauses eingeschnittene W steht dafür.

Blick in das verschwundene Forstmuseum im ehemaligen Küchenbau des Carlsbergs.

1975 schon hatte ein Mergentheimer Bauunternehmer wieder einen Wildpark mit Schwarzkitteln, Rothirsch, Damwild
und Mufflons angelegt, doch blieb der Carlsberg weiterhin der
Öffentlichkeit zugänglich. Zu ernsthaften Zwischenfällen mit
oder unter dem Wild kam es nie. Als der kapitale Keiler namens General einmal zu übermütig wurde, nahm ihn der Sech-
zehnender, Ungar genannt, einfach auf die Geweihenden und
schleifte ihn über die Waldwiese, ohne dass bei beiden eine Ver-
letzung übrig blieb.

Ein neues Kapitel der Berghistorie schlug 1983 der Volkskundler Kurt Meider auf. Der Gründer des Tauberländer Dorf-
museums im Kornbau am Weikersheimer Marktplatz, der

musealen Flachsbrechhütte in Burgstall bei Finsterlohr und des Frauentaler Museums »Vom Kloster zum Dorf« schuf im ehemaligen Küchenpavillon ein Forstmuseum. Programm und Terrain ergänzten sich ideal – aufgeblättert wurde hier die Entwicklung von der barocken Hofjagd zur Forstwirtschaft unserer Tage. Träger all dieser Museen war der Verein der Freunde Tauberländer Volkskultur.

Ein Hof ohne Wald?

Im repräsentativen Erdgeschoss des Küchenpavillons mit seinem Säulenschmuck wurde zunächst der Carlsberg als Ort feudaler Jagd vorgestellt. Dazu gehörten auch einige Sandsteinskulpturen des Rondells, darunter die Vier Jahreszeiten. Bilder, Pläne, Jagdzeug und Trophäen schilderten die höfische Jagdpraxis. In den Abschusslisten des 17. und 18. Jahrhunderts tauchten noch Wölfe auf. Bei notgedrungen bescheidenen Ausgrabungen im Rondellbereich kamen Bruchstücke von Fayencen, Porzellan und Glas, auch von Parfümflakons und Bouteillen sowie tönernen Tabakpfeifen ans Tageslicht und glänzten nun auf Mainsand in der Vitrine.

Im Gewölbekeller wurde die Entstehung des Forstes dargestellt, von der Samengewinnung über Saat und Pflanzung, eindringlich wurden die vielfältigen Wohlfahrtswirkungen des Waldes geschildert. Im Gegensatz zum Jäger galt früher der Waldheger wenig. Der Forsthistoriker Wilfried Ott erklärte lapidar, die Befreiung der Forstwirtschaft vom Joch des höfischen Jagdbetriebs müsse als Voraussetzung für die Reform der Forstwirtschaft angesehen werden.

Im oberen Stockwerk konnten sich die Besucher mit den verschiedenen Baumarten, mit Hölzern und Forstschädlingen vertraut machen. Knorrig kahle Malbäume grenzten die verschiedenen Huben oder Waldparzellen ab. Das Holz in der Architektur, das Holz als Werkmaterial und Brennstoff; das Floßwesen, wobei auf den 300 Meter langen, 40 Meter breiten Holländerflößen auf Main und Rhein hunderte von Leuten wie in einem schwimmenden Dorf lebten; Köhlerei und Pottaschensieden für die Glashütten; das Schälen der jungen Eichenrinde für die Lohgerber; der jahrhundertelange Vieheintrieb, wenn Eichen und Buchen fruchteten; die Streurechte, die dem Wald mit dem Laub als Viehstreu, Futter und Rohstoff des Düngens lange Zeit lebenswichtige Humusbildner und Aufbaustoffe entzogen hatten – all diese Themen kamen da zur Sprache.

Seine Rede zur Eröffnung schloss Meider mit einem Vergleich zwischen Forstmann und Museumsgründer: »Beide pflanzen etwas, schaffen Dinge, von denen meist erst kommende Generationen die Früchte ernten können.« Er zitierte auch gerne das Sprichwort: »Ein Hof ohne Wald ist ein Bett ohne Decke.« Das kennzeichnet knapp die überragende Bedeutung des Waldes als Rohstofflieferant. Kunststoffe und neue Energiequellen haben diese unmittelbare Nutzung gemindert, aber noch lange nicht ersetzt. Aber selbst wenn wir eines Tages kein Holz mehr benötigen sollten, brauchen wir noch immer den Wald als den großen Regenerator für Klima und Wasserhaushalt, für Pflanze und Tier, Erde und Mensch.

Der Museumsgründer, gelernter Weinkaufmann, nutzte den Carlsberg für unzählige Weinproben, um Gelder und Mäzene für seine Projekte zu gewinnen. Zwei größere Sonderausstel-

Halbzahmen Wildschweinen begegnete der Besucher vor dem musealen Küchenbau.

lungen hat er dort oben präsentiert: 1981 zum Jahr des Barock in Baden-Württemberg, also noch vor Einweihung des Forstmuseums, die instruktive Darstellung bäuerlicher Arbeit im 18. Jahrhundert »Vom Feldbau zur Landwirtschaft«, und zwei Jahre darauf die volkskundliche Ausstellung »[…] und mitten drin der Weihnachtsbaum«. Während draußen dick der Schnee lag, glänzte das elegante Erdgeschoss des Küchenbaus im Lichterschein vieler Kerzen, der sich prismatisch in den böhmischen Glasperlenbäumen der Weikersheimer Künstlerin Eva Maria Schmidt brach – phantastische Kleinodien, farbige Huldigungen ans Licht, aladinsche Märchengebilde, kristallklar oder bauernbunt, im irisierenden Glanz des Regenbogens wie in den ernsten Tönen des Waldglases.

Als Angebot für die Kleinen, aber nicht nur für sie, kamen im Lauf der Jahre ein Waldgarten, ein Wildbienenhäuschen, ein Baumartenpfad, ein Barfußgang und eine Kollektion von Nisthöhlen hinzu. Eine gereimte Eloge im Gästebuch erinnert an die vom Museumsverein angebotene Einkehr im Freien neben der neueröffneten Gaststätte im Gelben Haus: »Bei Frau Waldtraud auf der Höh' / grüßt uns Wildschwein, Hirsch und Reh. / Kaffee, Kuchen – ganz vorzüglich! / Und man sitzt dort recht vergnüglich, / redet dies und schwätzet das. / Sonntags gibt's auch Bier vom Faß! / Hinterher geht man spazieren / lässt das Wild Revue passieren, / füttert Obst, Kastanien, Eicheln. / Rehlein ließ sich sogar streicheln! / Und ein Frischling stand Modell: / So, Tourist, nun knipse schnell!«

Das traurige Ende

All das ist, nach weniger als drei Jahrzehnten Vergangenheit, ausgelöscht. 2006 noch hieß es, die Stadt habe im Einvernehmen mit dem neuen Jagdpächter aus Niederhall und dem radikalen Wildabschuss die forstwirtschaftliche Zukunft des Carlsbergs gesichert. Im Oktober bestätigte der Bürgermeister, über den Verkauf des Areals mitsamt dem Restaurant Gelbes Haus, für das der Pachtvertrag Ende 2010 auslaufe, werde verhandelt. Am Küchenpavillon mit dem Forstmuseum sei der potentielle Käufer nicht interessiert. Die Erneuerung der teilweise maroden Umfassungsmauer komme für die Stadt mit 130 000 Euro zu teuer. Im November 2008 erfuhr der Verein Tauberfränkische Volkskultur, dass nun völlig überraschend auch der Museumsbau mit an den Jagdpächter verkauft worden war. Der Vereinsvorsitzende Günter Breitenbacher gab zu, dass nach dem Erwerb des Carlsbergs und der Sanierung der Bauten seitens der Stadt kein weiterreichendes Konzept für das Kulturdenkmal entwickelt worden sei, um private Investoren zu gewinnen. Trotzdem sei es fragwürdig, ohne solch ein fachlich abgestimmtes Nutzungskonzept und ohne eine Ausschreibung in nichtöffentlicher Sitzung des Gemeinderats den Verkauf zu besiegeln. Er habe zudem den Eindruck, das Kulturdenkmal Carlsberg sei unter seinem tatsächlichen Wert veräußert worden, »nur weil man ihn loshaben will«.

Der neue Besitzer plant dort den Bau eines Gästehauses, will Forstwirtschaft betreiben und Hochwild einsetzen: Dafür hat er sich zur Sanierung der Parkmauer verpflichtet. Noch ehe ein Termin für die Räumung des Museums vereinbart war, hatte der neue Besitzer schon die Türschlösser auswechseln lassen. Im September 2009 krachte im Erdgeschoss ein Stück der Decke herunter und beschädigte Teile des Inventars. Der Verein erfuhr nur zufällig von dem Malheur. Der Kommentar des neuen Eigentümers: »Es hat sich alles geklärt. Für mich ist der Vorgang abgeschlossen.« Er schaffte eigenmächtig Exponate in die nahe Scheune; die Stücke, die der feudalen Jagd gewidmet waren, kamen ins Schloss, der Rest der Exponate in den städtischen Bauhof, bis eine Scheune in Háagen als Lager winterfest gemacht wurde. So endete das vorläufig letzte Kapitel in der wechselreichen Geschichte des Carlsbergs.

Carl Julius Weber
und der Deutsche Orden

us seiner Pariser Matratzengruft schrieb Heinrich Heine im Februar 1851 an Mutter und Schwester Charlotte und bat um eine Büchersendung nach dem Hamburger Leihkatalog. Unter den angekreuzten 14 Titeln stand vornan: »Ritterwesen von Weber«. Gemeint ist das 1822/24 erschienene dreibändige Werk von Carl Julius Weber »Das Ritterwesen und die Templer, Johanniter und Marianer oder Deutsch-Ordens-Ritter insbesondere«, das im Geleit der Sämtlichen Werke 1834 bis 1844 eine vermehrte und verbesserte Neuauflage erlebt hat. Weitere Bemerkungen Webers zum Deutschen Orden finden sich in dem 1832/40 posthum erschienenen »Demokritos« sowie in seinem Reisewerk über Deutschland, erstmals 1826/28 erschienen.

Dass Weber im dritten Band seines Ritterwesens so ausführlich die Geschichte und Verfassung des Deutschen Ordens rekapituliert hat und in seinen andern Schriften immer wieder auf ihn zu sprechen kommt, ist aus seinem beruflichen Werdegang zu erklären. Ab 1792 weilte er für sieben Jahre als Privatsekretär des Ordens-Statthalters Christian Graf zu Erbach-Schönberg in der Ordenskapitale Mergentheim. Damals schon hat er, weniger aus schriftstellerischem Ehrgeiz, eher ausgeprägt kulturhistorischen Neigungen folgend, die Ordensbibliothek im Schloss eifrig benutzt.

Hinzu kam die Chronistenpflicht des politisch aufgeklärten Zeitgenossen Weber, der als Beamter dreier reichsunmittelbarer kleiner Herrschaften den Ausverkauf des Heiligen Römischen Reiches deutscher Nation als Zeitenwende erlebt hatte und dieser rasch verschollenen Herrlichkeit ein pietätvoll-kritisches Denkmal setzen wollte. Mit Wehmut, so sagt er, habe er die Geschichte des deutschen Ordens niedergeschrieben, »denn vielleicht bin auch ich der letzte, der sich damit befassen möchte, der Orden selbst aber lebt ehrenvoll und ewig in der Weltgeschichte, in der Geschichte Preußens, und selbst in unserer Sprache. Wir nennen ein angenehm gastfreies Haus – ein deutsches Haus.«

Carl Julius Weber kam 1767 in Langenburg ob der Jagst als Sohn eines fürstlichen Rentbeamten zur Welt, besuchte das Landesgymnasium in Öhringen und studierte in Erlangen und Göttingen Jura. Auf einer Hauslehrerstelle bei einem französischen Bankier wandelte er sich zu einem Mann von Welt, den Idealen der Aufklärung verpflichtet. Wie er als Protestant zu der Sekretärsstelle beim Orden kam, wissen wir nicht. Sein Chef selbst war konvertiert und hatte sich ums einträgliche Statthalteramt unter anderem mit der Begründung beworben, so endlich von seinen hohen Schulden herunterzukommen. Erbach und Weber kamen gut miteinander aus.

Gescheiterte Hoffnungen

Beide nahmen 1797 am Rastatter Kongress teil, der Frankreichs Vormacht am Oberrhein bestätigte und das Ende des alten Reiches einläutete. Als für die Ordensgesandtschaft im Schlosshof ein Wagen mit Wein beladen wurde, frotzelten die alten Räte darüber und nahmen Webers prophetischen Bescheid, dies sei vielleicht der Leichentrunk des Ordens, übel auf. In Rastatt fiel

Deutschordenswappen am westlichen Zwillingshaus des Mergentheimer Marktplatzes.

der witzig gewandte Sekretär rasch auf. Der französische Gesandte Bonnier bot ihm eine Stelle im Pariser Auswärtigen Amt an. Weber, damals noch überzeugter Republikaner, sah sich schon als Diplomaten an der Seine. Aber Bonnier wurde wenig später trotz seiner Immunität auf der Heimreise von österreichischen Husaren ermordet.

Weber hat ein sehr sympathisches Charakterbild des damaligen Hochmeisters Maximilian Franz, des jüngsten Sohnes der Kaiserin Maria Theresia, gezeichnet. Wenn ihn ältere Deutschordensräte beim Hochmeister als Illuminaten und Freigeist anschwärzen wollten, meinte der nur:»Bei mir ist's noch finster, könnt' selber Illuminieren brauchen.« Aber dieser Weber führe demokratische Reden!»Wird schon gscheiter wer'n«, konterte der Habsburger. In Webers Nachruf auf Max Franz heißt es:»Ein größerer Fehler als sein burlesker Witz war seine ungeheure Esslust, die ihn zum dicksten Fürsten seiner Zeit machte (er brachte es auf 480 Pfund), ihm aber auch ein frühes Grab bereitete. Er war, ohne jemand nahe zu treten, der geistreichste Hochmeister, wie Joseph der geistreichste Kaiser der Deutschen, würdig besserer Zeiten und eines größeren Staates; er hätte verdient, nach Joseph den Kaiserthron zu besteigen.«

Immer wieder fallen in Webers Werken Streiflichter auf die Ordensresidenz Mergentheim und die Mergentheimer, die»sich häufig Deutschordenskinder zu nennen pflegten«. Sie fühlten sich unter der serenen Ordensherrschaft als etwas Apartes,»und jedem Fremdling musste die Isolierung auffallen, in der sie neben dem Hohenlohischen, Würzburger, Pfälzer und Mainzer Nachbarn in stolzer Selbstgefälligkeit dahinlebten«. Das gehe so weit, dass in der Stadt sogar jedes Luftloch in Form eines Ordenskreuzes geschnitten sei, selbst»Keller-, Scheunen- und Abtrittslöcher!« Vom Treiben am Hofe merkte Weber kopfschüttelnd die an geistlichen Höfen eh verbreitete Sauflust an.

1799 verstarb Graf Erbach-Schönberg. Sein Bruder, ehemals österreichischer General, übernahm nun die kleine Herrschaft im Odenwald. Notgedrungen wechselte Weber in den Marktflecken König im Mümlingtal. Er führte dort praktisch die Regierungsgeschäfte, allerdings nur zwei Jahre. Es herrschte Krieg im Land, und der perfekt Französisch parlierende Weber wurde allemal gerufen, wenn's mit dem fremden Militär Ärger gab. So folgte er 1802 einem verlockenden Ruf in die Duodez-Residenz Büdingen am Vogelsberg, um den jungen Erbgrafen von Isenburg-Büdingen auf einer zweijährigen Kavalierstour durch Europa zu begleiten, anschließend die Regierungskanzlei zu übernehmen oder mit einer großzügigen Pension den Abschied zu nehmen.

Aber schon in Potsdam bekam der junge Graf Heimweh und fuhr nach Hause. Schikanen, Intrigen, ein zähes Feilschen um die vertraglich zugesicherten Versprechungen folgten. Mit einer Abfindungssumme von 5 000 Gulden zog sich der 37 Jahre alte Weber verbittert ins Privatleben zurück. Die letzten drei Jahrzehnte seines Lebens verbrachte er im Haushalt seiner Schwester Henriette; sie war mit einem berlichingischen Beamten namens Hammer verheiratet, der dann in den württembergischen Staatsdienst übernommen wurde. Weber lebte mit der Familie erst in Jagsthausen und Weikersheim, von 1811 bis 1830 in Künzelsau, schließlich in Kupferzell, wo er 1832 starb.

Im Winter kratzte der Federkiel

Webers einziger Luxus in der Provinz waren Reisen und Bücher. Seine Bibliothek wuchs, dank geschickter antiquarischer Titeljagd, auf 11 000 Bände an, und von jedem Buch konnte er sagen, es wenigstens einmal gelesen zu haben. Jedes Frühjahr brach er, anfangs zu Fuß, später mit der Postkutsche zu ausgedehnten, aber sparsam bestrittenen Reisen auf, sah Paris wieder, fuhr die Donau abwärts nach Wien und kannte schließlich fast jede Ecke des damaligen Deutschen Bundes zwischen Luxemburg und Triest.

Ein Zwischenspiel blieb Webers Wahl als Künzelsauer Abgeordneter in den württembergischen Landtag von 1820/24. Politische Wirkung blieb ihm, wenn überhaupt noch erstrebt, in Stuttgart versagt. Zu gründlich hatten sich die Verhältnisse geändert. Seine einzig bemerkenswerte parlamentarische Aktivität zielte auf ein Verbot des wilden Nachdruckens, das Autoren und seriöse Verlage um ihren Gewinn prellte. Sein Antrag scheiterte. Er war darüber umso heftiger verstimmt, weil er inzwischen selbst unter die Federhelden geraten war. Weniger die Aussicht auf fette Honorare, die dann doch flossen, als schlichte winterliche Langeweile hatte ihn an den Schreibtisch getrieben.

Das
Ritter - Wesen
und die

Templer, Johanniter und Marianer

oder

Deutsch-Ordens-Ritter

insbesondere

von

Carl Julius Weber.

— — Stat magni nominis Umbra!

Dritter und letzter Band.

Zweite, vermehrte und verbesserte Auflage.

Mit königl. württembergischem Privilegium.

Stuttgart.
Hallberger'sche Verlagshandlung.
1837.

Carl Julius Weber urteilte recht ausgewogen über den Orden unterm schwarzen Kreuz.

Das begann mit seiner »Möncherei«. Der skeptisch-frivole Weltmann wandte sich da gegen wuchernden Aberglauben und geistliche Gängelung von Schule und Gesellschaft. Das galt auch für das posthum erschienene frühe Werk über Päpste und Papsttum. Wegen seiner respektlosen Bemerkungen über die Privilegien des Adels und der Standesherren, deren Schuldenwirtschaft und laxe Moral im »Ritterwesen« verdarb es sich Weber mit einem Großteil des fränkischen und schwäbischen Adels. Alle diese drei kulturhistorischen Wälzer sind materialreich, witzig flott und anregend geschrieben und als Kuriosa für den Kenner noch lesenswert.

Das gilt doppelt für sein Hauptwerk, den »Demokritos«. Das geriet Weber zu einem Handbuch seiner Lebenserfahrungen, eine sarkastisch-gallige Menschenkunde, das Panoptikum eines Moralisten, der Gesellschaft und menschliche Natur im Spiegel von Witz, Satire und Ironie beschaut, von fremdsprachlichen Zitaten mehr überwuchert als gewürzt. Verfasst von einem bürgerlich selbstbewussten Autor, durchtränkt von der Resignation politischer wie privater Erfahrungen, ist der vielbändige »Demokritos« zu einem Lieblingsbuch des liberalen Bürgertums geworden. Der Titel spielt auf den, im Gegensatz zum düsteren Heraklit, heiteren Philosophen an, dessen Werk wir übrigens nur aus den Zitaten späterer antiker Kollegen kennen.

Am leichtesten nähert man sich Weber in seinem Opus »Deutschland oder Briefe eines in Deutschland reisenden Deutschen«. Auch diesem Werk war ein langanhaltender Erfolg beim Publikum beschieden. Was den Briefen über die gründlich eingearbeitete landeskundliche Literatur das unverwechselbare Gepräge gibt, sind die in den Reisetagebüchern fixierten Farben der Erinnerung, die eingestreuten Gespräche, die kenntnisreich scharf formulierten Urteile.

Sympathie für die letzten Heiden Europas

Dem Deutschen Orden hat Weber den dritten Band seines »Ritterwesens« gewidmet. Was ihn von der damals vielgelesenen Schwarzmalerei eines Kotzebue abhob, war sein Sinn für das Historische, also die Einsicht in die Eigenart einer Ära, hier der preußischen Ordenszeit. Ihm, dem Bewunderer Friedrichs des Großen, schien klar, dass »die Hochmeister, und mit ihnen gewiß auch Ritter der besseren Art, von der Idee des Staatswohles belebt waren und vom Geiste des Rittertums«. Kotzebue habe in Rembrandt'scher Manier gemalt, »während in der Geschichte des Ordensritters de Wal alles lächelt wie die Grazien des Corregio. Die Wahrheit liegt in der Mitte, und wir folgen ihr.«

Auf Schritt und Tritt begegnet man in Mergentheim dem Umriss des Ordenskreuzes.

Zudem kommt ein für den Kosmopoliten Weber, einen Verehrer französischer Lebensart und gallischen Esprits, überraschend patriotischer Affekt der geistlichen Korporation zugute: »Der Deutsche Orden überflügelte alle anderen Orden so weit, daß ein ächter Deutscher sich den Wunsch nicht versagen kann, das Vaterland möchte andere Staaten ebenso überflügelt haben.«

Der um Ausgleich zwischen Papst und Kaiser bemühte Hochmeister Hermann von Salza war für Weber »unstreitig der größte Mann des Ordens«, er leuchte »aus seinem finstern Zeitalter hervor, wie ein

Götterbild der altklassischen Heroenwelt«. Die Eroberung des heidnischen Preußens wäre dem Orden allein kaum geglückt, »hätte nicht der Aberglaube in seinem Wahnsinne allerwärts Kreuzfahrer versammelt für Sündenablaß, dem Solde des geistlichen Roms! Die Ritter und Kreuzfahrer hielten sich für das Volk Gottes und schlachteten die Preußen wie Israel die Völker Canaans!«

Den letzten Heiden Europas galt Webers Sympathie: »Die Heiden dürsteten nach Rache, die Christen nach Heidenblut. Diese fochten für das Papsttum, was sie aber Religion nannten, und unter dem Mantel dieser Religion für Macht, Gut und Ehre – jene braven Preußen aber, die weit mehr unsere Teilnahme verdienen, für Freiheit und Vaterland.«

Mit patriotischem Appell

In helleren Farben malt Weber dann den Ordensstaat: »So wie sich der Bekehrungseifer minderte, machte die Cultur Fortschritte [...], selbst die Ordens-Verfassung mit all ihren Fehlern erscheint immer noch musterhaft, verglichen mit anderen Verfassungen der Zeit. Kein Faustrecht zerrüttete den Staat, denn hier war Ordens-Disciplin. Priesterherrschaft war beschränkt und selbst der Adel. Keine Raubritter warfen hier Kaufleute und Städte nieder, keine Kaiserwahl setzte das Reich in Flammen, keine Kirchenabgaben nach Rom führten das Geld zum Lande hinaus.«

Spätestens mit der Reformation sah Weber die geschichtliche Mission des Ordens im Osten erfüllt: »Er ging unter in der Reformation, um im schwarzen Adler – dem Sinnbilde der Hochmeister – fortzuleben, und unter dem schwarzen eisernen Kreuz – dem Symbol der Ritter – schöner aufzublühn! Preußen blühe, solange die Ordens-Devise gewahret wird: Suum Cuique!«

Entsprechend sarkastisch urteilte Weber über die Rechtsansprüche des im Reich fortdauernden Ordens auf das vom Zollern Albrecht verweltlichte Staatswesen im Osten. »Selbst Preußens Unglück nach der Schlacht von Jena sahen manche noch als Strafe des Himmels an und leiteten seinen Untergang von Albrechts Abfall ab.« Trotzdem behandelte er dann das Wei-

Anno 1831, ein Jahr vor Webers Tod, zeichnete Gustav König dieses Altersporträt.

terleben des reichischen Ordens gleichgewichtig mit der heroischen Ära in Preußen.

Mit einem Appell zur nationalen Einheit schloss Weber 1824 seine Erzählung:»Die sogenannten deutschen Herrn, diese sonderbaren Amphibien, Halbritter und Halbmönch, dürfen aussterben [...] Möchte uns doch ein deutscher Hesekiel, wie der Alte den Israeliten das Wort Gottes verkünden: Und ich will ein einig Volk aus euch machen [...]«

Der Grenzpfahl
in der Holdermühle

ie Fernsehleute haben das Unikum längst entdeckt, aber ahnungslos gönnen sich viele Strampler auf dem viel frequentierten Fahrradweg des Taubergrundes im Hof der Holdermühle ihr Vesper oder ein kühles Pils, ohne einen Blick in die Gaststube zu werfen. Dort ragt unvermittelt ein Pfahl mit den Hoheitszeichen des Freistaats Bayern und des Landes Baden-Württemberg auf. Denn die Landesgrenze zieht mitten durch die Holdermühle. Zwei Drittel der Schankstube sind weißblaues, ein Drittel ist schwarzgelbes Territorium. Die verschieden gemusterten Tischtücher verraten einem, wo man sich gerade niedergelassen hat.

Die Landes-grenze zwi-schen Bayern und Baden-Württemberg teilt die Wirtsstube.

1810 legten die Rheinbundstaaten Bayern und Württemberg, vertreten von den Premierministern Graf Montgelas und Graf von der Taube, ihre territorialen Differenzen in diesem Eck

bei. Die Grenzlinie folgte danach »dem linken Ufer der Tauber, bis an die nördlichste Grenze des Landgerichts Rothenburg. Hier betritt sie das Landgericht Uffenheim, folgt noch eine kurze Strecke dem linken Tauber-Ufer und zieht sich nördlich zwischen den nachbenannten Orten hin: An Württemberg fallen Burgstall, Holdermühle, Archshofen. […] Bei Bayern verbleiben Uhlenmühle, Tauberzell, Kleinharbach […]«. Und so fort.

Politisch gehört die Holdermühle seitdem zu dem flussabwärts gelegenen Dorf Archshofen, zuvor war sie der Reichsstadt Rothenburg pflichtig. Als Bub las ich in den Ortsregesten der Mergentheimer Oberamtsbeschreibung unter Archshofen: »1424. Hans Plöde, der Holdermüller, wird von den Rothenburgern ertränkt, weil er seine Mühle als Reichsle-

hen vom Kaiser Sigismund annehmen wollte. Bensen, Hist. Unters. 215.«

Das wehte einen balladenhaft schaurig an. Später zeigte mir der Besitzer das hangwärts gelegene Brunnengewölbe, in dem die reichsstädtischen Reiter an dem fahnenflüchtig gewordenen Steuerverweigerer Hans Plöde ihr grausiges Exempel statuiert hatten. Davor blüht zeitlos der Holder, erinnern Mühlsteine an das frühere Gewerbe.

Der Mühlkanal fließt unterirdisch zwischen der Scheune und dem zum Gästehaus umgewidmeten, 1702 errichteten, steingesockelten und denkmalgeschützten Fachwerkbau; die Staufalle ist noch zu sehen. Bis 1995 wurde hier Korn gemahlen. Drei Jahre später hat man den stattlichen Stall nebenan zum Gasthaus umgebaut. Geöffnet hat die idyllisch einsam gelegene Holdermühle täglich von Ostern bis Ende Oktober. Die vertrackte Grenzlage wirkt weiter. Unser Holdermüller schenkt Wein aus eigenem Rebbesitz aus. Und dieser Hausschoppen wächst ein paar hundert Meter flussaufwärts in der Lage Hasennestle des bayrischen früheren Heckenwirtschaftsdorfes Tauberzell, Grenzgänger auch er.

Die idyllische Holdermühle am Oberlauf der Tauber macht hier ihrem Namen Ehre.

Der Grenzpfahl in der Holdermühle   **133**

Erntedank,
in Stein gehauen

n einer abendlichen Gesellschaft stellte einmal der Hausherr die Frage, wovon wir denn, die Atemluft ausgenommen, eigentlich lebten. Die Antworten kamen rasch geflogen: von der verlästerten Industrie und dem Exportüberschuss, vom europäischen Zusammenschluss, von unserer technisch-ökonomischen Tüchtigkeit und so fort. Der Hausherr hörte sich das alles an und schüttelte dann den Kopf. Nein, wir alle lebten von ein paar Fingerbreit Humus, von einer hauchdünnen Schicht lebendiger Erde, die sich selbst wiederum aus dem Kreislauf des Organischen, aus Verfall und Werden erhalte, wie der Wald zeige, den keiner dünge. »Von diesem bisschen Muttererde auf unserem Planeten leben wir mit Pflanze und Tier, und von nichts sonst.«

Der 27. Sonntag im Jahreslauf wird als oktoberliches Erntedankfest begangen. In den meisten Gegenden hat sich dieses Fest, früher von der ganzen Gemeinde einträchtig gefeiert, in die Kirchen zurückgezogen. Seit den ersten Nachkriegsjahren ist uns der Hunger, das peinlich zugemessene Brot der frühen Jahre, fremd geworden. Auch wenn die Wechselfälle der Witterung unverändert mitspielen, sind die Extreme von Ebbe und Flut früherer Erntejahre selten geworden. Das war früher ohne Neuzüchtungen beim Getreide, ohne chemische Düngung, ohne umfassende Ausbildung der Bauern und ohne weltweite Lebensmittelimporte anders.

Als Stichworte seien nur die Hungerjahre vor der 1848er Revolution oder, kriegsbedingt, der berüchtigte Steckrübenwinter 1917 genannt, als nach einer missratenen Ernte die Deutschen nicht nur froren, sondern auch noch hungerten. Die britische Kriegsmarine hielt ihre Blockade sogar noch über den Waffenstillstand hinaus bis Anfang 1919 aufrecht, wobei noch einmal Hunderttausende Schwache und Kranke, Kinder und Alte starben.

Ein Vulkanausbruch in der Südsee

Ein Jahrhundert zuvor hatte es auch Missernten gegeben. Zwischen April 1815 und September des folgenden Jahres kam es zu gewaltigen Eruptionen des Vulkans Tambora auf den Sunda-Inseln. Wie später beim Ausbruch des Krakatau trieb die vulkanische Asche noch lange um den Erdball und blockte die Sonneneinstrahlung spürbar ab. Zwei harte Winter und zwei kalte Sommer waren bei uns die Folge.

Das traf die kleinen Leute umso härter, da die Ernte in den napoleonischen Kriegsjahren zuvor schon kärglich ausgefallen war. »Seit fünf Jahren haben wir eigentlich Misswachs«, verzeichneten 1815 die Württembergischen Jahrbücher. Nun kam die Hungersnot.

Was Konrad Dietz in Jagsthausen in seinen Aufzeichnungen über die Jahre 1816/17 schilderte, traf so ziemlich auf das ganze Land zu. Anfang März begannen die Überschwemmungen, die erst den Wiesenwuchs hemmten und dann das Heu ruinierten. »Kein trockener Halm Futter wurde eingebracht. Daher sind auch ganze Stücke mit Erdbirnen gänzlich ersoffen. Es blühten die Trauben erst am 28. Juli [...], die Ernte dauerte bis Kreuzerhöhung«, also Mitte September. »Es sind auch die Trauben nicht zeitig geworden und am 5./6. November erfroren. Im Jahr 1817 hat der Weinstock spät angeschoben, teils wegen Nässe und Feuchtigkeit, teils wegen dem Erfrieren im Spätjahr und auch weil er oft ungedeckt war.«

Die Talorte litten mehr noch als die Höfe auf der Hohenloher Ebene, da die Hochwasser nicht nur Felder und Wiesen, sondern auch Krautäcker und Gärten heimsuchten. 1816 gab es im Taubergrund 20 Regentage im Mai, 15 im Juni, 24 im Juli, 19 im August und 17 im September.

Der Brotpreis, der sich bis Juli verdoppelt hatte, stieg bis Sommer 1817 auf das Vierfache an. Kleinbauern, Handwerker, Taglöhner stellten drei Viertel der Bevölkerung; in der Stadt musste ein Arbeiter zwei Drittel seines Lohnes fürs Essen ausgeben. Die Mehrzahl der kleinen Leute nährte sich von Brot und Kartoffeln. Nun waren auch diese unerschwinglich geworden.

Zudem hatten zwei Jahrzehnte der Franzosenkriege Staat, Gemeinden und Privatleute ausgesogen. Handel und Gewerbe lagen noch danieder.

Die Obrigkeit reagierte trotzdem viel zu spät. Das Mergentheimer Intelligenzblatt berichtete erst am 16. November über die Königliche Generalverordnung wegen der Fruchtteuerung. Die Getreideausfuhr wurde nicht etwa eingestellt, sondern nur der Ausfuhrzoll erhöht. Wer Kartoffeln zu Schnaps brannte, bekam 50 Reichstaler Strafe, bei Rückfall drohten drei Monate Zuchthaus oder Festung.

An das Hungerjahr 1816/17 erinnerte diese Tafel in der Dorfkirche von Enslingen.

Eine im Auftrag des Dekanats Hall verfasste Chronik des Hungerjahrs liegt im Archiv des Pfarramts Enslingen bei Untermünkheim. Danach konstituierte sich im August 1816 ein »Verein von Armenfreunden«, der »bis 30. April 1817 10 296 Portionen oder eigentliche Geldbeiträge besonders an sogenannte verschämte Haus-Arme und solche Personen, welche vom öffentlichen Almosen nicht erhalten, austeilte«. Als im Januar 1817 die württembergische Königin Katharina, die in ihrer russischen Heimat viel Getreide aufgekauft hatte, im ganzen Land Wohltätigkeitsvereine ins Leben rief, verschmolzen private und gemeindliche Initiativen unter Federführung der Oberämter.

Im Hällischen wurden Arbeitslose zum Ausbau der Gemeindestraßen verpflichtet, den Gassenbettel verbot man. Wer sich von den Bürgern weigerte, in die Armenkasse zu zahlen, dessen Name wurde im städtischen Wochenblatt öffentlich angeprangert. Das galt auch für Bäcker, die zu leicht gebacken hatten; diese wurden zusätzlich mit Turmhaft oder Geldbußen bestraft. Im Spital gründete man eine Arbeitsanstalt und eine Industrieschule für Stricken, Spinnen, Weben. Bauern und Händler mit Landprodukten mussten binnen dreier Tage eine Liste ihrer Vorräte vorlegen und wurden kontrolliert.

Die Furcht vor sozialen Unruhen und verstärkter Auswanderung stand hinter diesen staatlichen Maßnahmen. Zwischen Januar und Juli 1817 wanderten in Württemberg und Baden 40 000 Landeskinder aus; und das sind nur die amtlich registrierten Zahlen. Eine Generation später folgten dem Hungerjahr 1846/47 das soziale Aufbegehren und der politische Aufstand.

Die Ährenkrone auf dem Altar

Im Hochsommer 1817 hingen die Ähren voll. »Daher wurde die Sichel umso herzerhebender in die Hand genommen und die ersten Garben der Früchte am 25. Juli daheim geführt umso feierlicher mit Gesang und Klang, ja mit der gesamten Schuljugend samt dem Rat [...]. Und derselbige Wagen ist als Brautwagen geziert und ist darauf ein Ährenkranz gesetzt worden, welcher kostbar gewesen, und dieser Kranz ist zum Preis des Höchsten und zur Ehre Gottes auf den Altar der Kirche gesetzt

**Festlich
wurden im
Sommer 1817
die vollen Ern-
tewägen mit
Heu und Korn
begrüßt.**

worden«, schreibt Konrad Dietz aus Jagsthausen. So geschah es überall im Land. In Gaildorf am Kocher war damals Justinus Kerner als Amtsarzt tätig. Sein Rikele hob einige dieser ersten Ähren für den eben geborenen Sohn Theobald auf, der sie bis zu seinem Lebensende bewahrt hat.

Streng nach Rang und Stand geordnet bewegte sich im August der Haller Erntedankzug die Freitreppe zu St. Michael aufwärts: Den Anfang machte die kleinere Schuljugend mit Unterlehrern, dann kamen Sänger und Sängerinnen samt Schullehrern, die Kirchenmusiker, die Bürgerschaft, die Gemeinde-Deputation, der Magistrat, das Ober- und Cameralamt mit übrigen Beamten; als Augenweide folgte »ein schöner Zug weißgekleideter Jungfrauen von der gebildeteren Classe. Nun kamen die wohlhabenden Eltern, hierzu passend gekleidete zwölf Schnitterknaben und zwölf Schnittermädchen mit vier Gablern«. Dem vierspännigen Erntewagen »schloß sich dann der übrige Teil des Volkes an«.

Und die Moral der Geschichte? Die jammervollen Drangsale, so verkündete die geistliche Obrigkeit, hätten ihre Ursache »nicht bloß in einer Fügung äußerer Umstände, sondern im eigenen verkehrten Dichten und Trachten, und in der Losreißung von Gott. Diese Überzeugung sollte noch mehr gestärkt und geläutert werden durch das schwere Hungerjahr 1817, wo Gottes Finger sich so sichtbar zeigte, und seine Hilfe eintraf, wo die Not am größten war.«

Bildstock und Hungertaler

Nicht nur Chroniken, Tagebücher, Bilderbögen sowie die Hungertaler, also Gedenkmünzen, in den Heimatmuseen erinnern an das Hungerjahr, sondern auch Bauinschriften und Kleindenkmale. Zufällig im Hungerjahr 1916 wurde auf dem Mergentheimer Trillberg so eine Münze gefunden. Sie zeigt eine Mutter mit zwei Kindern und der Inschrift: »Oh gib mir Brot, mich hungert!«, und auf der andern Seite eine Waage mit den Jahreszahlen 1816 und 1817 sowie den Worten: »Verzaget nicht, Gott lebt noch!«

In der Enslinger Dorfkirche hängt die Teuerungstafel mit den Scheffelpreisen, von 72 Gulden für den Dinkel bis zu 16 für die Kartoffeln. »Und doch wurde für die Armen gesorgt. 500 fl wurden in 17 Wochen unter die Armen in der Pfarrey ausgeteilt.«

In Mulfingen ragt an der Jagstberger Steige ein Bildstock für die Heilige Dreifaltigkeit, gestiftet von Martin und Katharina Hammer. Die Inschrift ist nur noch teilweise zu lesen: »1817 am 25. Juli […].« Der sechsspännige Erntewagen im Relief und das Datum deuten uns das Motiv des Stifterpaars.

An der Jagstberger Steige bei Mulfingen erinnert der Bildstock an die Ernte 1817.

Erntedank, in Stein gehauen   **139**

Fast schon als Gegenstück dieses frommen Bildwerks, aber auch als Erntedank in Stein gehauen, erscheint eine Tafel in Herrenzimmern, halbwegs zwischen Markelsheim und Niederstetten. Ein Bauer Dollmann ließ sich hier 1858, den bürgerlich modischen Zylinder auf dem Haupt, mit seinem doppelten Pferdegespann vor dem Pflug abbilden.

Die Akkuratesse des ehrgeizig aufgeschmückten Reliefs kontrastiert mit dem orthographisch eigenwilligen, da mundartlich eingefärbten Spruch: »Freindlich blickt sein Aug auf uns herab / des Schöpfers milte Gab / der Ernte Segen / den wir in diese Scheinen legen / Dafür sey auch dem Höchsten Danck.«

Darüber glänzt, von Lorbeer umwunden, das königlich württembergische Wappen. Bauer

Steinern zierlicher Erntedank in Herrenzimmern bei Markelsheim 1858.

Dollmann scheint nicht nur ein selbstbewusster, vermögender Bauer, sondern auch ein loyaler Untertan seines Landesherrn Wilhelm I. gewesen zu sein, der ja wegen seines Reformeifers für Weinbau und Ackerbau als der König der Landwirte gefeiert wurde.

Langenburger Geschichten

elbst auf den zweiten Blick scheint das Bergstädtchen Langenburg mit seinen 1800 Einwohnern nicht viel mehr zu sein als eine Fachwerkallee zum Residenzschloss derer von Hohenlohe. Der Ursprung der Siedlung wird auch sofort klar. Vor dem Herrensitz am Ende des steil abfallenden Muschelkalksporns bauten sich Bedienstete und Handwerker ihre Häuser, anfangs nicht viel mehr als eine ackerbürgerliche Vorburg, die dann auch Tor, Turm und Mauer bekam. Wo das Schloss, eingefasst von vier mächtigen Rundtürmen, wuchtet, begannen und enden bis heute alle Wege Langenburgs.

Was der zwar nicht mehr regierende, aber noch immer residierende »Ferscht« treibt, das bewegt die Gemüter im Städtle allemal. Schließlich gehören dem Fürsten zu Hohenlohe-Langenburg nicht nur 2800 Hektar Wald in der Umgebung; die Stadt verdankt ihm auch zwei zugkräftige Touristen-Magnete, das Schlossmuseum und das Deutsche Automuseum, notabene auch die dazugehörigen raren Parkplätze. Ums Schloss kommt hier keiner herum.

Fürst Philipp, der sich auch als Herr Hohenlohe anreden lässt, trat 2004 die Nachfolge seines Vaters Kraft an; er hat für die Touristenfamilien einen Kletterparcours unterhalb des Schlosses angelegt und mit den Gartentagen die größte private Gartenmesse im Ländle initiiert. Dazu kommen Ritterspiele, Opernaufführungen im Schlosshof, Tagungen in barockem Interieur, und für Hochzeiten und Feste wird die Orangerie vermietet. Das Schlosserbe drückt schwer. »Der Kasten hat 1,8 Hektar Mauerwerk und Fassade, fast vier Hektar Dachfläche, 494 Fenster, 967 Meter Heizungsrohre«, rechnet einem der passionierte Jäger und Betriebswirt vor. Das Holz aus seinen Wäldern kann er wegen fehlender Lagerkapazität kaum zum Heizen nutzen, Sonnenkollektoren untersagt der Denkmalschutz.

Aus der Schule geplaudert

Auf das Residenzschloss läuft im Bergstädtchen Langenburg am Ende alles zu.

Im vorigen Jahr erzählte in Langenburg Martin Blümcke, bekannt als Leiter der einstigen Redaktion »Land und Leute« beim Süddeutschen Rundfunk, lange Redakteur der Vierteljahresschrift »Schwäbische Heimat« und Autor des Marbacher Magazins über Carl Julius Weber, von seiner Hauslehrerzeit auf dem Schloss. Anfang 1957 wurde er als Tübinger Student im vierten Semester über seinen Professor Dölker und den fürstlichen Archivrat Schumm als Hauslehrer für die beiden frisch konfirmierten Zwillinge des Fürsten Gottfried aufs Schloss zum Vorstellungsgespräch geladen. Die beiden waren Schüler des Gerabronner Progymnasiums. Blümcke sollte am Nachmittag die Hausaufgaben inspizieren. Gefordert wurden Manieren und evangelisches Bekenntnis. »Evangelisch war ich.« Zu den 200 Mark Gehalt, freier Kost und Logis kam dann noch die Auflage für den Studenten mit der Baskenmütze, nicht mit der 18 Jahre jungen Schwester der Buben anzubandeln.

Der Dienst war eine halbe Sinekure. Früh um halb neun frühstückte er mit dem Fürsten. Die Fürstin Margarita, eine Schwester des englischen Prinzgemahls Philip, kam erst zum Mittagessen; jeden Tag gab es eine handgeschriebene Speisekarte. Allein für die fürstliche Familie waren damals noch 15 Leute beschäftigt. Zurückgezogen lebte ja auch noch der alte Fürst Ernst, dem man die Existenz eines Schloss-Cafés verheimlichte, weil sich das nicht mit seinem Standesbewusstsein vertragen hätte.

Am Sonntag saß »der Lehrer«, wie er kurzweg tituliert wurde, mit Fürst Gottfried in der Loge der Stadtkirche. Dieser erzählte dem jungen Mann viel von seinen Reisen an die Höfe Europas. »Und ich Simpel hab damals kein Tagebuch geführt.« An den freien Vormittagen stöberte Blümcke in der Bibliothek des Kapellenturms, deren Titel bis zur Mitte des 19. Jahrhunderts gingen. Von Carl Julius Weber fand er nichts, weil der wegen seiner respektlosen Anmerkungen zum Adel auch hier in Ungnade gefallen war. Beim Schlossbrand im Januar 1963 ging die Bibliothek zugrunde.

Einkehr beim Pfarrer Schlauch

In seiner Freizeit spazierte der Hauslehrer auch hinunter nach Bächlingen an der Jagst, wo Rudolf Schlauch als Pfarrer amtierte. Mit ihm und seiner Frau Ingaruth lernte er Hohenlohe näher kennen. Und wenn er im Pfarrhaus aufkreuzte, wandelte Schlauch allemal gemächlich in den Weinkeller. Einmal erhielt Blümcke den Wink seiner Herrschaft, er solle mehr Abstand zum Personal halten, ein andermal, nach einer Treibjagd, auf der er sich mit dem späteren Fürsten Kraft anfreundete, er solle mehr Abstand zum Adel halten. »Der Hauslehrer war das Neutrum dazwischen.«

Der gleichaltrige Kraft versprach, wenn er mal Fürst sei, werde Freund Martin zum Archivar auf Neuenstein ernannt. Der Erstgeborene war ein bissl neidisch auf den Lehrer, weil der ins Städtle konnte, wann und wie er wollte. Für Kraft gab es nur gelegentlich Stadtausgang, wenn er mit seinem Vater in die »Post« zum Kegeln durfte. Im Oktober kam Schwager Philip zur Jagd auf den Weikersheimer Carlsberg, der damals ja noch dem Fürsten gehörte, zuvor der Kaiserenkel Louis Ferdinand von Preußen mit Frau Kira, dahinter im Kleinbus deren sieben Kinder. Alle badeten sie drunten in der Jagst. Mit seinen beiden Zöglingen kam Blümcke als Pädagoge nicht so gut zurecht. Wenn er sie zu mehr Lerneifer anspornen wollte, bekam er die stereotype Antwort:»Wir haben einen Namen!« So entschloss er sich nach einem Jahr zur Rückkehr an die Universität, obwohl ihn Fürst Gottfried gerne noch behalten hätte. »Ich habe hier das Abendrot des Feudalismus erlebt«, zog Blümcke das Fazit und zitierte einen aus der Zunft des deutschen Hochadels:»Früher hatten wir Untertanen, jetzt haben wir ein Publikum.«

Dynastenwappen für die Wibele

Zu einem fürstlichen Hof, und sei er noch so klein, gehörten die Hoflieferanten. In der Langenburger Hauptstraße blitzt das von farbiggoldenen, bekrönten Dynastenwappen gerahmte Schild des Hof-Konditors Bauer. Im Eingang zum Café mit seinem Terrassenblick über Bächlingen und das Tal der Jagst tapezieren Diplome, Preisurkunden, Preismedaillen die Wand: Hoflieferant Sr. Majestät des Königs von Großbritannien und Irland, Sr. Majestät des Kaisers von Russland, Sr. Majestät des Königs von Württemberg, Sr. Hoheit des Großherzogs zu Hessen und bei Rhein, Sr. Hoheit des Herzogs zu Sachsen-Coburg-Gotha; Hofkonditor Sr. Durchlaucht des Fürsten zu Hohenlohe-Langenburg sowie Ihrer Majestät der Kaiserin und Königin.

Zu diesem letzten Titel kam es 1911, als die Kaiserin Auguste Viktoria, zugleich Königin von Preußen, den Fürsten in Langenburg besuchte. Der Wibeles-Bäck flaggte schwarzweißrot, ließ den Kaiseradler prangen und reimte den Holperspruch:»Die Kaiserin ist gekommen / als Gast zu der Fürstenburg / Es heißen sie herzlich willkommen / die Wibele von Langenburg.«

Die Wibele sind eine lokale Spezialität, ein Vanille-Miniaturgebäck in Form einer Acht, 22 Millimeter lang, zwölf Millimeter breit, das seinen Namen von Jakob Christian Karl Wibel, »Conditor und Handelsmann, auch Senator und Hofbäcker zu Langenburg« erhielt, der ein Neffe des berühmten Hohenloher

Kirchenhistorikers und Langenburger Hofpredigers Johann Christian Wibel war und 1763 in das Geschäft des Konditors Engelhardt eintrat. Wibel hat seinen Erben die Fertigung des Knusperzeugs in einem schweinsledernen Rezeptbuch hinterlassen, in dem es heißt: »Zur Herstellung dieses Gebäcks ist nur ein solcher Mensch brauchbar, der ganz aus Geduld zusammengesetzt ist.«

Dem Namensgeber Wibel folgte der Sohn eines Vetters, der 1802 geborene Künzelsauer Georg Friedrich Bauer, dessen Nachkommen 1953 ein Bauer-Schwiegersohn Purucker und so fort. 1880 erhielt das Vanille-Biscuit seine amtliche Schutzmarke. Dank der verwandtschaftlichen Beziehungen der Langenburger Hohenlohe mit zahlreichen Höfen Europas kamen die Erben des Wibeles-Bäck zu ihren umsatzfördernden Titeln und Diplomen. Von der früheren Bezeichnung Patience-Gebäck stammt wohl die hohenlohische Lesart Geduldszeltlich, wobei die letzten Silben angeblich darauf zurückgehen, dass der Teig beim Backen zeltartig aufgeht. Bei den Langenburgern hieß Wibel auch der Tipfeleskonditor, kein Wunder, wenn ein Zentner des Gebäcks aus 125 000 Miniaturbiskuits besteht.

Dynasten-glanz für den Langenburger Hof-Conditor mit seinen Wibele.

Agnes Günther und ihr Waldhaus

1906 wurde das Stück »Von der Hexe, die eine Heilige war« auf Schloß Langenburg uraufgeführt. Als der um Langenburg verdiente Bürgermeister Dieter Klapschuweit das Schauspiel 1981 wieder auf die Bühne bringen wollte, streikten die heimischen Laienspieler. An der Autorin Agnes Günther schieden und scheiden sich die Geister. Im Herbst 1891 zog sie mit ihrem Mann Rudolf, Stadtpfarrer und Dekan, in Langenburg auf. Wohl fühlten sich die beiden Schwaben in dem fränkischen »Heidengaliläa« anfangs gar nicht: »[...] wir harmonisieren gar nicht mit den hiesigen Leuten, Essen und Trinken ist ihr höchstes, sonntags sitzen sie in den Wirtshäusern herum und heitern sich an. In die Kirche gehen sie nicht, dies gilt von den Honoratioren [...]. Man verkehrt doch zu seiner Erholung mit den Gebildeten, wie kann man das aber, wenn die Leute für das Höchste im Leben keinen Sinn haben«, schrieb Agnes Günther 1892.

Das änderte sich. Und im längst abgebrochenen, fachwerkalten Hofpredigerhaus wie auf Burg Tierberg erlebte und erlitt sie innere Bilder, Visionen, Erscheinungen, die sich im Lauf der Jahre zu dem Stück von der Hexe Gisela und zu ihrem 1912 posthum erschienenen Gegenwartsroman »Die Heilige und ihr Narr« verdichteten. Dieses Buch hat längst die Millionenauflage überschritten und Hohenlohe zwischen den beiden Weltkriegen so etwas wie einen Literatur-Tourismus beschert. Gelegentlich sind noch immer Pilger, mehr noch Pilgerinnen, auf den Spuren der Fürstentochter Rosmarie, genannt Seelchen, im Dreieck Brauneck, Thorstein und Schweigen, also Langenburg, Morstein und Tierberg, unterwegs.

Seit kurzem gibt es eine weitere Gedenkstätte für Agnes Günther, das nach ihr benannte Waldhaus unweit der Römerwiese, auf der sich der dramatische Knoten des Romans schürzte. Von Atzenrod aus führt der Weg nordwärts in den Reißichswald. Als wir im Frühjahr kamen, blühten dort das Windröschen weiß und gelb, die Kuckucksblume in ihrer blauroten Gauklertracht und die Waldprimel, schimmerte das Wiesenschaumkraut in rosa Lachen, Tümpeln, Seen. Der vom Pfarrerehepaar Wilhelm Arnold und Heide Ruopp gegründete Geschichts- und Kulturverein hat den maroden, für die fürstliche Jagd erstellten Bau in Eigenarbeit renoviert.

Hier lässt Agnes Günther ihr Seelchen glückliche Wochen mit Mann und Sohn Heinz Friedrich im Korbbett verleben. »Oben enthält das alte Jagdhaus ein Sälchen mit alter Stuckdecke und sieben winzigen Fenstern und eine geräumige Schlafstube. Unten eine kleine Küche mit uraltem Steinherd und ein Dienergelaß, Stallung für sechs Pferde und große Heuvorräte, denn von hier aus wird das Wild im Winter gefüttert.« Bei der Erneuerung stieß man im Erdgeschoss auf den aus einem Eichenstamm gehöhlten Futtertrog für die Pferde. Nur die schicksalhafte Römerwiese, die damals noch an das Waldhaus grenzte, ist durch Aufforstungen etwas ferner gerückt.

Heute ist das Waldhaus bei der Römerwiese eine Gedenkstätte für Agnes Günther.

1991 erlebten 7 000 Zuschauer im Burggraben von Schloss Stetten überm Kocher die Bühnenfassung des Romans »Die Heilige und ihr Narr«. Acht Jahre darauf führte das Bamberger Brentano-Theater das Schauspiel von der Hexe auf. Die zwölf Vorstellungen waren ausverkauft. Ob die Langenburger Laienspieltruppe heute noch einmal in einen Agnes-Günther-Streik träte?

Bejahrte Langenburger haben das Datum taggenau im Kopf – den 24. Mai 1965, als die englische Königin Elizabeth II. auf Staatsbesuch an Rhein und Nesenbach auch bei ihrer Verwandtschaft ob der Jagst Visite machte. Schließlich war der damalige Hausherr auf Schloss Langenburg, Fürst Kraft, der Ururenkel der Königin Victoria, und seine Mutter eine Schwester des Prinzgemahls Philip. Der sprach, wie er behauptete, zwar nur das Deutsch der Kutscher und Chauffeure, verstand aber wohl, was ihm der Langenburger Bürgermeister Fritz Gronbach, zum Festmahl aufs Schloss geladen, 1963 bei seinem Toast auf das Haus Hohenlohe empfohlen hatte: »Durchlaucht, wenn Se 's nächscht mol uf Langaburch kumma, dann bringe Se a amol Ihr Fraa mit!«

Zwei Jahre drauf war es so weit. Der Stuttgarter Ministerpräsident Kurt Georg Kiesinger kam mit dem hohen Gast in der Staatskarosse angerauscht, die Hohenloher jubelten und prägten sogar eine Goldmünze mit dem Porträt der Queen und Schloss Langenburg auf dem Revers. Ein vielgefragtes Tondokument ist die Rede, die der Schultes bei der Verabschiedung der Königin hielt, wobei er ihr einen Hohenloher Vesperkorb und eine Packung Wibele als Wegzehrung mitgab. Gronbach hatte zuvor extra Nachhilfestunden genommen, aber die Queen verstand von seinem hohenlohisch grundierten Englisch kaum ein

Die goldene Gedenkmünze zum Besuch der Queen in Langenburg 1965.

Wort. Die königliche Equipe »hat fascht in d' Hosa gsaacht vor lauter Lache«, erinnerte sich der Postwirt Eugen Ziegler. Und über Radio und Fernsehen war die halbe Welt dabei. Eine eigene Beziehung pflegt Prinz Charles zu Hohenlohe. Als er 2010 den Eckart-Witzigmann-Preis für seine Verdienste um gute und gesunde Ernährung bekam, nahm der Langenburger Fürst Philipp den Preis für seinen Vetter entgegen. Und in Charles' Videobotschaft hieß es: »Ich weiß, daß gerade Hohenlohe die Region Europas ist, die die höchste Dichte an lizenzierten Ökobetrieben hat, und daß sich dort viele Bauern um fast ausgestorbene Tierrassen kümmern wie um das Limpurger Rind mit dem Boeuf de Hohenlohe oder auch um das Schwäbisch-Hällische Landschwein.«

»Unser Ober-Original«

So pflegte der Langenburger Postwirt den Fritz Gronbach zu zitieren. 31 Jahre hat er sein Städtchen ob der Jagst regiert, geradlinig und mit einem Schuss Schlitzöhrigkeit, wie der Nachruf im Tagblatt sagte. Der gebürtige Langenburger, Jahrgang 1910, war im mittleren Justizdienst tätig, 1931 in die Kommunistische Partei eingetreten, saß dann zweieinhalb Jahre im Gefängnis, wurde zur Frontbewährung begnadigt und aus russischer Gefangenschaft entlassen. Das im Aufbau befindliche Heimatmuseum im alten Schulhaus zeigt die zerschlissenen Stiefel, die Gronbach einem toten Kameraden abgenommen und mit nach Haus gebracht hatte. Im September 1945 wurde er von der Besatzungsmacht zum Bürgermeister seiner Vaterstadt ernannt. 1948 in der ersten allgemeinen Wahl setzte sich Gronbach gegen 22 Bewerber durch. 1954 und 1966 haben ihn seine Langenburger im Amt bestätigt.

Gronbach hat Arbeitsplätze geschaffen und den Tourismus ausgebaut, auch wenn der geplante Kurbetrieb an der 1965 erbohrten Bächlinger Mineralquelle, zum Glück, Projekt geblieben ist. Mit dem Crailsheimer Landratsamt lag er oft wegen seiner Meinung nach unsinnigen Verordnungen über Kreuz. Schon vor Amtsantritt des Landrats hatte er sich dagegen gewehrt, dass er sich »einem Preußen und ehemaligen aktiven Of-

fizier« unterstellen solle. Dafür quittierte er eine Geldbuße von 50 Mark.

Sein Ideal einer einfachen, bürgernahen Verwaltung, sein fürsorgliches Bemühen um sozial Schwache haben ihm die Langenburger gedankt. Auch wenn er bei einem Betriebsausflug der Heilbronner Flammer-Waschmittelwerke nach einer flammenden Begrüßungsrede mit der Devise der Düsseldorfer Konkurrenz schloss: Persil bleibt Persil! Im Ruhestand hat sich der Gronbach Frieder, wie er im Städtle genannt wurde, bis zu seinem Tode 1999 dem geliebten Obstbau gewidmet.

Joschka und Rezzo

Sogar bei Schlossführungen wird inzwischen auf zwei prominente Langenburger verwiesen, Originale auch sie: auf den ehemaligen Vizekanzler und Außenminister Joschka Fischer und auf Rezzo Schlauch, früher grüner Fraktionschef, Staatssekretär und gewichtiger Co-Autor eines hohenlohisch getönten Kochbuchs der neuen Ess-Klasse.

Fischers donauschwäbischer Vater hatte nach der Vertreibung zeitweilig eine Metzgerei gegenüber der Stadtkirche und zog 1954 weg, Rezzo war ein Sohn des Bächlinger Pfarrers Schlauch. Beide Buben kamen zwar im gleichen Jahr 1947 und mit Hilfe der selben Gerabronner Hebamme zur Welt, haben sich aber in ihrer Langenburger Zeit nicht kennengelernt. Das geschah erst 1983 auf einem Parteitag der Grünen in Hagen, als sie sich an ihre provinzielle Herkunft herantasteten. Schlauch sollte dem Joschka Grüße aus Stuttgart ausrichten. Woher er denn komme? Fischer: Aus einer Ecke da unten, die kaum einer kenne. – Welche größere Stadt denn in der Nähe sei? – Crailsheim. »Was? Craalse?«, fragte Schlauch!

Schlauch und ich kamen bei einer gemeinsamen Lesung auf Fischer zu sprechen. Der Joschka sei ja »ein ganz harter Knochen«. Aber wenn der Name Langenburg fiele, werde er merkwürdig weich. Einmal habe er gefragt, ob er da im Ruhestand sein Häusle bauen solle. Freund Rezzo riet ihm ab: Er sei doch ein typischer Stadtmensch. Ein Spielkamerad und Mitschüler Fischers erinnert sich übrigens, dass der damals schon in der Rasselbande den Ton angab, nicht nur, wenn auf die morsche Stadtmauer geklettert wurde. »Oft musste er in der Schule vor die Tür des Klassenzimmers.«

Gerhard Nebel
und sein Hohenlohe

*M*it seinem Reisebuch »An den Säulen des Herakles« hatte mir Gerhard Nebel die Sporen gegeben, ein Jahr Urlaub von der Zeitungsredaktion zu nehmen und mit dem Rucksack ums westliche Mittelmeer zu bummeln. Als ich 1966 zurückkam, erfuhr ich, dass der Autor inzwischen nach Hohenlohe übergesiedelt war. Nach intensiver Nebel-Lektüre wagte ich endlich einen Besuch und kehrte im Mai 1972 auf einer Wanderung, von Langenburg kommend, vom Landregen durchnässt in Steinkirchen am Kocher ein. Ein Autorenporträt war geplant, die Befangenheit auf beiden Seiten spürbar. Da spazierte der Kater Tatzitus, nach einem Hydrioten-Admiral auch vertraulich Miaulis gerufen, ins Arbeitszimmer, schnupperte an dem Gast, der nach Laub und Mulm roch, sprang ihm auf den Schoß und rollte sich behaglich schnurrend ein. Das Eis war gebrochen.

Nebel hatte Hohenlohe Anfang der fünfziger Jahre mit Freunden auf zwei Wanderungen kennen und lieben gelernt. Impressionen der ersten Begegnung im zeitigen Frühjahr: »Seidelbast nicht hier und dort, sondern in Fluren, Flächen, Hecken, süße Duftwellen unter der zu ihrer Fülle hinaufkreisenden Sonne, gleißende Leberblümchenhänge, eine mittelalterliche Dorffestung, die vom Guano getöteten Bäume der Reiherhalde, die Wappen- und Traumvögel, die auf ihren Nestern in der Höhe des vorbeiziehenden Menschen saßen und ihn aus Rätselaugen unerschreckt anstarrten, der Berlichinger Judenfriedhof dicht stehender hoher Grabsteine, Kontrast der feuchten Waldeinsamkeit und der hebräischen Wüstenschrift […].«

Der Schöntaler Ephorus Wolfram Gestrich, den Nebel in Gesellschaft Ernst Jüngers als Stadtpfarrer in Ravensburg kennen gelernt hatte, vermittelte dem Freund den Baugrund in Steinkirchen. Vom April 1964 bis zum Herbst des folgenden Jahres wohnte Nebel mit Frau Josephine und dem 1951 geborenen Sohn Martin in der früheren Dorfmühle, ehe die Familie in das neue Haus an der Pfarrsteige einzog. In diesem Mühlenwinter erlebte Nebel ein gefährlich dräuendes Hochwasser des Kochers, mit dem er als Fluss seines Alters Zwiesprache hielt: »Ich spreche den Flussdämon an, er hebt sein mit Froschlöffel und Laichkraut, Mummel und Wasserhahnenfuß bekränztes Haupt empor, er lächelt mich an, ein Lächeln von weither wie das eines archaischen Apollon, ein Lächeln voller Wissen und Trauer, viel Erfahrung und wenig Hoffnung und ruft mir zu: ›Diesmal verschone ich dich!‹«

Eine Landschaft der Stille gesucht

Der Blick von Nebels Schreibtisch traf jenseits des Kochers auf die Rüblinger Halde, Mischwald, überbuschte Steinriegel, Viehkoppeln in wechselnd getöntem Grün. Hinterm Haus erstreckte sich weitläufig der heckenumfriedete Garten, in dem neben Gemüse und Küchenkraut sorgsam verpflanzte Kleinodien der

Gerhard Nebel, links, mit Albert Hofmann, dem Entdecker des LSD, in Steinkirchen.

Gerhard Nebel und sein Hohenlohe

Muschelkalkflora blühten. Der Hausherr gärtnerte nach dem Vorbild Alwin Seiferts, von seinen Anhängern als St. Compostulus verehrt.

Granitfreund gleich Goethe, hatte sich Nebel zeitlebens auf dem Muschelkalk als Massengrab der marinen Fauna unwohl gefühlt; am Kocher bekehrte er sich zu der Einsicht, dass erst dieses Gestein die gefeierte Fülle von Ragwurz und Orchis, Goldstern und Türkenbund, Akelei und Waldvögelein, weiß und rot, aufbrechen ließ. Hinter dem Anwesen stockte der Wald, bis hinüber zum Jagstgrund. Gerhard Nebel war ein leidenschaftlicher Waldgänger, auch im anarchischen Sinne Jüngers. »Vielleicht lebt es sich hinter dem Walde heutiger als vor ihm«, heißt es in einer seiner Lektionen für die Zeitgenossen. »Gewaltige Buchenwälder […] treiben Wiesen vor sich her, deren Reichtum an Kräutern ein buntes Gelände schafft, eine wuchernde Üppigkeit der Vegetation, die mich, den stadtabgeneigten Liebhaber des Elements nach der Distanz von Mauern, nach der Urbanität Halls oder Öhringens begehren lässt.«

Lieblingsorte gefunden

Als ich ihn nach seinen Lieblingsorten im Hohenlohischen fragte, nannte er den gastlichen Brunnenhof des flussaufwärts gelegenen Döttinger Schlösschens, die Probierstube der Weingärtnergenossenschaft Michelbach am Wald und den Pavillon im Bartensteiner Hofgarten, dem Hermann Lenz ein Gedicht gewidmet hat; hier besuchte Nebel die Fürstin Clara, eine seiner begeisterten Leserinnen.

In Schöntal schließlich zog ihn Freund Gestrich an, der ihn vom Taubergrund bis zu den Waldenburger Bergen zu den markantesten Stätten der Kunst und Geschichte führte. Der Ephorus war aber auch »einer der gewichtigsten Gesprächspartner meines Vaters, vor allem in theologischen Fragen«, wie Martin Nebel betont. Der Aufsatz über »Schöntal in der Kubakrise«, schon 1962 verfasst, ist ein Zeugnis dieser Freundschaft.

Ein Jahrzehnt später resignierte Gestrich, nachdem er sein evangelisch-theologisches Seminar im Gefolge der 68er vor dem Ruin sah. Nebel: »Niemand besucht die Übung, die der

**Einer der Lieblingsorte Nebels war das gastliche
Döttinger Schlössle am Kocher.**

Ephorus über die paulinische Rechtfertigungslehre abhält, aber
alles strömt zu der Vorlesung, die einer der Vikare über den
Tod Gottes in Aussicht stellt […], mit dem neuen Kult, der
der jeweils letzten Aktualität geweiht ist, leert sich auch die
Schatzkammer der Bildung, im Griechischen eine Ignoranz,

die in der Geschichte des deutschen Gymnasiums einzigartig ist.« Gestrich, weltfreudig, becherschwingend, jeder Kreatur hold, aber »als Kind Gottes eine Gestalt der Liebe und des Humors« stellte für den oft unwillig jäh auflodernden Nebel »eine lebendige Grenze meines Zornes und Hochmutes« dar, wie er bekannt hat.

Was den Macchia-Botaniker und Wüstenfuchs Nebel bewog, nach jahrzehntelangen Kreuzfahrten sein Leben im Hohenlohischen zu beschließen, war die stille Landschaft. Zudem lockte den eingeschworenen Ghibellinen, der nach seinem Eingeständnis den Untergang der Staufer nie verwunden hat, auch die Nachbarschaft der holunderüberblühten Burgen in der Reichsruine Hohenlohe, denen fast allen ein staufischer Torso eingekernt ist.

Funkelnde Bruchstücke einer großen Konfession

Die Nazis trieben den Gymnasiallehrer, der im Altgriechischen wie in seiner Muttersprache lebte, zeitweilig erst ins ägyptische, dann ins ostafrikanische Exil. Hier begegnete er, der sich wie der junge Willy Brandt kurz vor 1933 der radikalen Sozialistischen Arbeiterpartei angeschlossen hatte, der Offenbarung der Elemente, der Wüste, der Steppe, dem Urwald. Hinzu kam die Lektüre Ernst Jüngers, mit dem der Soldat Nebel dann im besetzten Paris erstmals zusammenkam Der Rekrut des hegelianischen Weltgeistes öffnete sich dem Mythos, der Allgewalt der Natur, dem Gesang der Welt. Nach dem Krieg, den er zuletzt als Dolmetscher bei der 1. Fallschirmjägerdivision in Italien erlebte, nach schwerer Krankheit fand er zum Christentum lutherischer Observanz.

Nebels heroischer, oft verzweifelt anmutender Versuch, Mythos und biblische Offenbarung, Herakles, Apoll und Christus zusammenzuzwingen, macht seine Bücher zu funkelnden Bruchstücken einer großen Konfession. Gegenüber der technischen Zivilisation und dem Schwund der Transzendenz empfand er sich als Katechont, als Aufhalter im Sinne des Paulus-Wortes, feierte er in trotzigem Dennoch Orte und Feste, das

Ereignis des Schönen, das meergeborene Hellas und die vier Elemente, um nur einige Titel seiner Bücher anzudeuten.

Dass Gerhard Nebel als rückwärts gewandter Prophet mehr deren Heilkraft als rationaler Analyse zu vertrauen schien, dass er den Tagesmarkt der Meinungen verachtete und als Patriot zuweilen »alle Feinde Brandenburgs in den Staub« wünschte, hat ihm, der Hitler, ähnlich wie J.R.R. Tolkien, früh als Kot-Midas erkannte, gelegentlich die Denunziation als Kryptofaschist eingetragen. Das war ganz einfach dumm. Das streitbare Ärgernis Nebel wurde zunehmend von den Medien achselzuckend totgeschwiegen. Die für einen Autor europäischen Ranges vergleichsweise geringe Auflage seiner Bücher hat mehr in die Tiefe als in die Breite gewirkt. Drei Dutzend Bände füllten in Steinkirchen das Bord der Opera. Die allermeisten Titel sind vergriffen, nur noch antiquarisch zu erbeuten.

Der ganze Kerl fordert Respekt

Ein Band der Marbacher Bibliothek gab 2003 den Torso der Autobiographie heraus. Erik Lehnert hat ihm als dem »Wächter des Normativen« das Jahr darauf eine Schrift gewidmet. Die Autoren Martin Mosebach und Botho Strauß haben sich zu ihrer Nebel-Lektüre bekannt, Heimito von Doderer hat ihm als »Leser und Bewunderer« eine Widmung geschrieben.

Homer, über den er auch ein Buch verfasste, hätte Nebel mit dem Epitheton »der Wortegewaltige« in seiner Ritterrunde eingeführt. In seinen besten Partien schrieb er eine Prosa von mitreißendem Elan, gehämmert und federnd zugleich, bewegt und bewegend, drastisch humorvoll auch, wenn's drauf ankam. Die meisten Bücher stehen als Steinbrüche des Wissens in unserem Regal. Wer seinen Nebel aufschlägt, wird von diesem Partisanen des Mythos in eine Geisterschlacht hineingerissen. Nebel vereinte das Gärtnerische mit dem Weltmännischen, das Berserkerhafte mit der Präzision des Altphilologen, universale Geistesbildung mit grimmigem Humor. Bei allem erfrischenden Widerspruch, den es manchmal anzumelden gibt – der ganze Kerl fordert Respekt.

Beim vorletzten Wiedersehen meinte er, die allgemeine Lage sei hoffnungslos, es bleibe dem Einzelnen nur noch die Frei-

Gerhard Nebel
auf Frauen-
schuhpirsch
über einem
Seitentälchen
der Tauber.

heit der Verweigerung. Drei Tage vor seinem 71. Geburtstag, am 23. September 1974, ist Gerhard Nebel, selbst schon eine mythische Figur seines Jahrhunderts, verstorben. Auf dem Steinbacher Kirchhof liegt er begraben. Kurz nach seinem Tod erschien in einer großen Tageszeitung seine letzte Hohenloher Betrachtung: »Bei den roten Waldvögelein.«

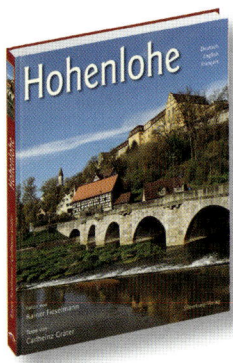
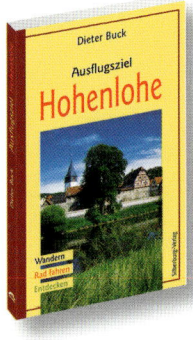